博物馆文化空间展陈及交互设计应用研究

刘丰溢　刘思如　著

新华出版社

图书在版编目（CIP）数据

博物馆文化空间展陈及交互设计应用研究 / 刘丰溢，刘思如著 .
-- 北京：新华出版社，2022.10
ISBN 978-7-5166-6496-4

Ⅰ . ①博… Ⅱ . ①刘… ②刘… Ⅲ . ①博物馆—陈列
设计 Ⅳ . ① G265

中国版本图书馆 CIP 数据核字（2022）第 188140 号

博物馆文化空间展陈及交互设计应用研究

作　　者：刘丰溢　刘思如

责任编辑：李　宇　　　　　　　　　　封面设计：沈　莹

出版发行：新华出版社

地　　址：北京石景山区京原路 8 号　　　邮　　编：100040

网　　址：http : // www . xinhuapub . com

经　　销：新华书店、新华出版社天猫旗舰店、京东旗舰店及各大网店

购书热线：010-63077122　　　　　中国新闻书店购书热线：010-63072012

照　　排：守正文化

印　　刷：天津和萱印刷有限公司

成品尺寸：170mm×240mm　1/16

印　　张：13.5　　　　　　　　　　字　　数：238 千字

版　　次：2023 年 6 月第一版　　　　印　　次：2023 年 6 月第一版

书　　号：ISBN 978-7-5166-6496-4

定　　价：72.00 元

前　言

　　博物馆发展至今，得到越来越多的人关注，博物馆的发展也呈现多样化。博物馆的功能不仅仅是将文物保存起来，还是一个高度组织化与制度化的非正式教育机构，观众在博物馆内可以进行社交、交流。博物馆通过展品与展览逐渐深入到社群之中，并努力使展览对大多数观众而言是亲和易懂、更有意义的。交互设计就是现代设计中最为常见的设计手段，它通过了解观众的需求，然后进行分析，找到最佳解决方案。博物馆运用交互设计，主要目的就是为了更好地与观众互动，使观众在博物馆中得到更好的学习体验。

　　本书第一章为现代博物馆概述，分别介绍了博物馆的发展历程、主要功能、类别与展陈空间特征、现代角色四个方面的内容；第二章为现代博物馆的空间构成，分别介绍了博物馆公共文化空间、现代博物馆的互动与表演空间、体验与模拟空间、叙事与情境空间四个方面内容；第三章内容为交互体验设计概述分别介绍了交互体验设计的含义、交互体验设计的特征、交互设计中数字媒介的种类、数字产品交互设计用户体验概述四个方面的内容；第四章内容为博物馆与特殊人群的交互设计应用实践，分别对博物馆的信息传达服务、视听障者的群体特性、博物馆无障碍设计的信息交互性、面向视听障者的博物馆无障碍设计建议四个方面进行了全面论述；第五章内容为博物馆陈列展览中交互设计应用实践，对博物馆陈列展览中交互性设计的理论探究、交互设计在博物馆陈列展览中的应用现状、博物馆陈列展览中交互设计的体验方式、博物馆陈列展览的交互设计原则与思维、博物馆陈列展览中交互设计的设计途径几个方面进行了分析；随着数字信息技术的快速发展，数字博物馆不仅解决了时间、空间等因素对人们的限制，同时也在一定程度上拓宽了博物馆交互方式，故第六章对数字博物馆交互设计应用实践进行了研究，主要从数字博物馆概述、数字博物馆沉浸式交互设计以及数字博物馆交互设计案例三个方面展开分析。

在撰写本书的过程中，作者得到了许多专家学者的帮助和指导，参考了大量的学术文献，在此表示真诚的感谢。本书内容系统全面，论述条理清晰、深入浅出，但由于作者水平有限，书中难免会有疏漏之处，希望广大同行及时指正。

作者

2022 年 4 月

目录

第一章　现代博物馆概述

随着经济社会的发展，现代博物馆得到越来越多的人关注，本章从博物馆的发展历程、主要功能、类别与展陈空间特征、现代角色方面对博物馆的发展做基础介绍。

第一节　博物馆的发展历程

博物馆，顾名思义，其中整理、收藏有诸多蕴含特殊价值的文物，也有着诸多在各领域（如医学领域、科技领域、艺术领域等）有重要价值的装置或藏品，以供大众研究。通常，博物馆会将自己馆内绝大多数藏品进行展出，展出时间或为长期，或为不定期，人们可以进入博物馆对这些藏品进行参观与欣赏。

纵观世界，各大城市基本都有着大型博物馆，就算是在那些中小城市，甚至是乡村地区，我们也可以看到许许多多的中小型博物馆，这些博物馆往往反映着当地的风土民情，承载当地的文化。虽然这些博物馆有的规模很大、有的规模较小，且类别不同、风格不同，但总的来说，它们都有着同样的目的，那就是为大众服务，让人们能够在博物馆中对文化与历史进行学习并了解。

现如今，信息技术日新月异、飞速发展，我们也不断提升着存储数字信息的能力，这也为博物馆展示模式的发展与变革提供了强大助推动力。博物馆原本采用的传统的展示模式（即三维标本静态实体收藏展示）逐渐向多种展示媒介（如虚拟展品）扩展，同时其向大众提供藏品高分辨率的清晰图像，只要人们连接网络，就能对藏品进行详细了解、探索与研究，打破了时间、空间的距离。

目前，在世界上 202 个国家和地区中，规模大小不等的各类博物馆已超55000 座。

一、博物馆的起源

博物馆的出现源于那些爱好收藏的人士，他们将喜爱的收藏品聚集在一起并且展示给同样感兴趣的人。一些富有的个人、家庭或艺术机构将稀有好奇的艺术品、文物以及自然物品等收集起来并向私人朋友圈或一定范围的公众展示。这些藏品通常会陈列在所谓的奇迹房或古董柜中。最古老的博物馆是现在位于伊拉克境内的 Ennigaldi—Nanna 博物馆，其历史可以追溯到公元前 530 年的巴比伦王国，虽然至今还没有得到确凿的考古史料的证实，但据传这座博物馆致力于美索不达米亚古物的系列收藏，它的主人是巴比伦公主伊妮高蒂。

一般来说，早期的艺术藏品与博物馆，也会向公众开放，但是它们多为私人所有，所有开放与否还需经得主人的同意。精英人士也经常利用个人的某项专门收藏在社交中获得更高的身份与社会地位。由于这些藏品中大部分都是各种门类中的新发现和研究成果，因而，许多科学家、学者、对藏品具有浓厚兴趣的人，他们随时关注研究资讯、展览信息，希望第一时间看到真品。人们发现，通过博物馆展示这一新的传播方式，也是对文化及科学信息进行分类管理的有效途径，能够更广泛地向大众传播古代遗产和科学普及，以及更系统的沟通和交流的新形式。

尤里斯·阿尔德洛万迪（Julius Aldrovandi）是一位收藏家，且在自然领域颇有建树。在文艺复兴时期，他对多种文物、艺术品进行收集，不过并没有对其进行分类，而是把自己能够搜集到的所有内容、掌握的全部知识都纳入收藏之中，因而更像是一种"百科全书"式的收藏，如图 1-1-1 所示。不过，伴随时间流逝，"博物馆"理念也有所改变，因而大部分人开始排斥阿尔德洛万迪以及其"百科全书"式展览理念。在 18 世纪，启蒙时代的学者们提出这样的观点，即"组织分类"应当是自然历史博物馆的建立基础，像阿尔德洛万迪这样把所有藏品不加分类地混在一起是错误的。

文艺复兴时期在意大利诞生了世界上历史最悠久的公共博物馆。18 世纪后欧洲的博物馆数量以及藏品数量剧增，包括以下这些博物馆。

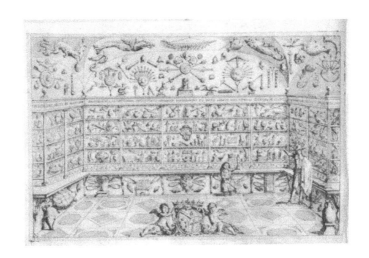

图 1-1-1 早期的博物馆：意大利收藏家尤里斯·阿尔德洛万迪收藏

（一）罗马卡比托林博物馆

罗马卡比托林博物馆的藏品中，包含历史最古老的藏品。始于 1471 年，当时教皇西斯图斯四世向罗马人民捐赠了一批重要的古代雕塑（图 1-1-2）。

图 1-1-2 早期的博物馆：始于 1471 年的罗马卡比托林博物馆拥有世界上最古者的艺术收藏品。

（二）英国皇家军械博物馆

英国诞生最久的博物馆是伦敦塔中的皇家军械库，它于 1660 年向公众开放，目前博物馆共有三处分馆，包括设在利兹的新总馆（图 1-1-3）。

图 1-1-3　早期的博物馆：英国皇家军械博物馆

（三）安汶植物博物馆

据说，1662 年，来自德国的一名植物学家，乔格·拉夫组织建设了安汶最早的植物博物馆，同时，它也是印度尼西亚最早建立的博物馆。虽然该馆现已不复存在，然而我们仍可以在印度尼西亚图书馆所收藏的拉夫的书中搜寻到有关资料。1778 年，巴达维亚艺术与科学学会成立，而该学会以原有博物馆为基础，又将新的博物馆建立起来。其对印度尼西亚文化与自然历史的有关资料进行了大量收集，这也在研究中起到了相当重要的作用（图 1-1-4）。

图 1-1-4　德国植物学家乔格·拉夫于 1662 年在安汶建立了一个植物博物馆

（四）巴塞尔艺术博物馆

巴塞尔艺术博物馆是瑞士占地面积最大，馆藏数量最多的博物馆。一开始仅仅用于收藏个人喜爱的画作和文物，1661 年巴塞尔大学和巴塞尔市政府购得收入一批藏品，并于 1671 年向公众开放。它的广泛收藏使其具有国际地位，成为同类中最重要的博物馆之一。其中包括：1400—1600 年在莱茵河上游地区活跃的艺术家的素描和绘画，以及 19—21 世纪的艺术。

（五）贝桑松美术馆

1694 年，贝桑松艺术博物馆成立。通常来说，人们认为贝桑松美术馆是法国最早建立的博物馆。贝桑松博物馆中收藏有十分珍贵的艺术品、名贵的画作，它们来自不同时期，包括文艺复兴时期和原始主义画派的作品。

（六）彼得大帝人类学和民族志博物馆

俄罗斯历史最悠久的博物馆，1717 年由 Kikin 商会组建，1727 年在旧科学院大厦向公众开放。游览者对博物馆内人类学藏品极其感兴趣，该博物馆中人类学与民族学的展品十分丰富，展品覆盖了世界四大洲对人类学、民族学的研究，是对人类学爱好者吸引力最大的博物馆。彼得大帝好像对人类形体有着极大的兴趣，他投入了巨款用以收集巨人、畸形儿等人体标本。

（七）梵蒂冈博物馆

梵蒂冈博物馆于 1506 年由教皇朱丽叶二世允许对外开放，公众前来参观藏品，追溯其历史是世界上第二历史悠久的博物馆（图 1-1-5）。

图 1-1-5　梵蒂冈博物馆的建筑雕塑

（八）佛罗伦萨乌菲兹美术馆

丰富的艺术收藏品于 15 世纪从科西莫·德·美第奇开始并由他的后代逐步扩大，并于 1743 年由美第奇家族的最后一位继承人遗赠给托斯卡纳人民以及全人类。乌菲兹宫（建于 1560 年至 1581 年）由文艺复兴时期的画家和建筑师乔治·瓦萨里设计。1769 年博物馆逐渐开放，允许游客参观阅览，同时顶层建筑改为艺术画廊。

（九）里加航海历史博物馆

在拉脱维亚以及整个波罗的海地区，里加航海历史博物馆可谓是最为古老的博物馆，同时，在欧洲范围内，该博物馆也称得上是古老的博物馆之一。1773 年，里加航海历史博物馆正式成立，面向公众开放。博物馆成立初期，馆内有着丰富多样的关于艺术与自然科学的藏品，它们来源于私人捐赠。到如今，里加航海历史博物馆内藏品已经超过 50 万件，多达 80 个系列。

（十）冬宫博物馆

冬宫博物馆建造之初是女皇叶卡捷琳娜的个人住所。1764 年，叶卡捷琳娜二世从柏林等地收藏了大量伦勃朗、鲁本斯等人的画作，约 250 幅绘画存放在冬宫新建的侧翼"艾尔米塔什"（名字源自古法语 Hermit，意为"隐宫"），由法国建筑师设计，该博物馆由此得名。该馆 852 年对公众开放。

（十一）普拉多博物馆

普拉多博物馆位于马德里，在 1785 年由西班牙的查理三世创立建造，此馆一开始并不是面向公众的博物馆，而是私人用来收藏自然历史相关方面文物的收藏室。一段时间后，该收藏室重新修建为收藏皇家绘画与雕塑藏品的博物馆，主要功能在于展示西班牙王室的各类艺术品，1819 年开始向公众展示藏品（图 1-1-6）。

图 1-1-6 1785 年由西班牙的查理三世创立马德里的普拉多博物馆

（十二）大英博物馆

1753 年，大英博物馆于英国伦敦成立，六年后，其面向公众开放。大英博物馆早期藏品来自于汉斯·斯隆爵士的捐赠。这些个人收藏的古董也成为大英博物馆最初创立的基础（图 1-1-7）。

图 1-1-7 19 世纪大英博物馆中的动物学展厅

二、现代公共博物馆的出现

现代博物馆最早源于西欧，后来慢慢出现在世界各地。最早面向公众的博物馆并非所有人都可以进行游览参观，只有中产精英人士可以进入参观欣赏。同时，一些博物馆还会要求参观者提前提交书面申请，保证参观过程中不会对文物进行破坏。1759年大英博物馆开始向公众开放，参观者必须提前提交申请，由于每天的参观人数有限，大英博物馆的门票，尤其是节假日，观赏名额十分紧缺，许多人提前很久预约也难以得到门票。

1677年，在牛津大学，伊莱亚斯·阿什莫尔（Elias Ashmole）建立了阿什莫林博物馆（Ashmolean）。虽然阿什莫林博物馆是一间私人博物馆，但是它仍然面向公众开放，也正因此，该博物馆被认为是全世界第一家现代公共博物馆，这也得到了人们的公认。

这一时期的欧洲，特别是美国，在博物馆建设方面掀起高潮。尽管美国的大部分博物馆都专注地进行科学发现与艺术品的展示与陈列，然而也有一些博物馆热衷于对欧洲博物馆进行效仿，即致力于开发古典收藏品。在当时，很多学者提出建议，认为应当在政府的公民教育新战略中纳入更多的现代（19世纪）博物馆规划，而为了让群众参与这一世界大战略，那些有着许多参观限制的私人博物馆被要求面向公众进行开放。

自此，珍贵的文物，尤其是关系着高级文化的文物或物品，开始变成"社会管理新任务"的工具。而各大学博物馆（在第二次世界大战开始前，它们已是美国创新研究主力）也被纳入整个博物馆链条之中，在建立展示、研究并重的馆藏体系中发挥着重要作用。

20世纪后期，在世界范围内曾发生过一场关于返还博物馆藏品的激烈争论，即将那些原属于不同国家和地区、宗教、种族的珍贵文化艺术品还给本来的创造者或拥有国。如在美国，一些美洲原住民部落和团体向有关部门广泛游说，要求遣返圣物和重新安置人类遗骸。1990年，美国国会通过了美国原住民格雷夫斯保护和遣返法案，该法案要求联邦机构和联邦政府资助的机构将美洲原住民的"文化项目"归还给文化附属部落和团体。其中，欧洲各个博物馆中许多藏品都是通过战争等不正当方式获得的收藏品和文物。话题最受争议的是许多专家学者、藏品爱好者认为将埃及、希腊和中东的罕见文物据为己有是不对的，应及时返还给文物所属的国家。但由于现实中各种各样的问题一直争论不休，是否返还文物依旧没有定论。

第二节 博物馆的主要功能

现代博物馆的功能首先是收藏具有特殊价值的各类物品，在对这些物品收藏保存的同时，进行深入研究分析。博物馆具有向社会更好展示文物的责任与任务，但从博物馆的个性化发展角度来说，博物馆的展览也需要通过展览展示自己的与众不同。参观各地的大型历史博物馆或城市艺术馆或许可以成为一整天的文化娱乐活动，因此对于城市领导者来说，一个健康的博物馆社区可以被视为城市的文化窗口，是衡量一个城市文化经济状况的标尺，也是一种提高本地居民文化素质的有效手段。对博物馆专业人士而言，博物馆可以被视为向公众宣传博物馆使命的一种方式，例如提高公民的文化素养或环境保护意识。

博物馆的第一任务是对知识信息的储存。史密森学会1829年收到詹姆斯·史密森的资金帮助，他希望通过基金会创立一个机构来传递和获得越来越多的知识。虽然博物院的初衷是传递和增加更多的知识，但是在历史的发展过程中，其功能也因不同时期的发展有了新的变化。譬如，19世纪后期的自然历史博物馆展示了维多利亚时代对消费与秩序的渴望，它的目的主要是收集用于研究和展示所有知识领域、包括每个分类学科的发展成果。而在大洋彼岸，随着美国大学在19世纪的发展，它们所收集的自然历史藏品则主要用于学术研究。到19世纪末叶，当大学的科研已达到细胞水平的生物学研究时，一直以自然博物馆为基地的尖端研究便逐渐地从博物馆转移到大学的实验室。虽然许多大型博物馆，如史密森学会，仍然被视为研究中心，但研究已不再是大多数博物馆的主要目的。

尽管很长一段时间来，在"博物馆对藏品解释是否具有权威性"问题上，人们始终争议不断，然而文博机构以及各级文化主管部门却没有受此影响，它们依旧着大力开展文物藏品保护工作，将大量金钱、精力以及专业知识投入其中，从而实现历史建筑物的养护，延缓艺术品、文物、文件等的老化，防止其遭受毁损。所有博物馆都面向公众开放，将在人类文化发展中有着重要意义、重要价值的文物展示给来自不同国家、不同年龄、有着不同文化背景的参观者。历史学家斯蒂芬·康恩曾这样表述，当人们齐聚公共场所，共同欣赏一件闻名已久却未曾亲见的物品时，这样的经历多么令人着迷！

不同的博物馆有着不同的发展需求，而立足需求之上，它们也会有着不同的功能。如果一家博物馆致力于艺术教育，那么该博物馆就不会把重心倾斜到收藏文物方面；而如果一家博物馆致力于收藏艺术品，那么它就不会将重点放在艺术教育方面。

举例而言，20 世纪 70 年代，加拿大的科学技术博物馆注重于"科普教育"，因而无论是展陈方式还是活动安排上，该博物馆都以藏品展示为基础，添加了很多互动功能。例如，科学技术博物馆展出了一台有着悠久历史的印刷机，人们在参观的时候，不仅能看到该印刷机的样子，还看到一名工作人员利用这台印刷机现场制作纪念品。

有的博物馆（如那些大型国家博物馆）则希望有更多的受众，还有一些博物馆会瞄准较为特定的受众群体，如盐湖城的教会历史博物馆等。

通常来说，博物馆所收集的物品既是重要的，又是能够符合自身保护目的，和自身展示主题有较大关联的。

尽管大部分博物馆都禁止观众对展品进行触碰，不过有些博物馆则是例外，它们希望观众多与展品进行互动，并进行鼓励。例如，汉普顿宫博物馆，其位于伦敦西南部，2009 年时，该博物馆特地将宽敞的议事大厅对外开放，以使游客的互动感得到增强。议事大厅中展示着那些有着 500 年历史的珍品复刻品，包括生活用品、服饰等，游客可以将服饰穿在身上，使用生活用品，切切实实地体验一把历史中的王室生活。通过这种方式，博物馆能够在特定的空间中强化与游客的互动。

第三节　博物馆类别与展陈空间特征

世界各地有着众多的、不同类型的博物馆，这些博物馆无论是经营方向、规模大小还是所涉的学科门类等都独具特色、与众不同。例如，博物馆类别包括：植物和动物、美术、考古收藏、手工艺、应用艺术、乐器、儿童、历史、传记、科学、人类学、民族学、自然历史等。同时，我们还可以进一步对其进行细化，如可以将艺术博物类分为古典画廊、民俗艺术以及现代艺术博物馆；将历史类博物馆分为航空历史、军事历史等。

此外，还有一种博物馆为"百科全书型"，这类博物馆基本都是综合博物馆，其藏品涉及历史、科学、艺术等诸多领域，藏品来自世界各地。

我们可以从博物馆的藏品中发现其类型与规模，而其展出的核心藏品，往往是某一特定领域中最珍稀也是最典型的藏品。

一、建筑博物馆

建筑博物馆主要是以建筑为主题的展馆，介绍各地特色建筑风格以及相关建筑结构，通常包括城市设计、景观设计、室内装饰、工程和历史保护等。此外，许多艺术博物馆或历史博物馆有时也将博物馆的部分章节用于展示某一特定时期的建筑内容。国际建筑博物馆联合会（ICAM）是建筑博物馆的主要全球组织，其成员包括几乎所有专门从事这一领域的大型博物馆，以及提供常设展览或专门画廊的机构。

建筑博物馆的主要任务是让大众对建筑的相关知识有些基础了解，在此过程中也会涉及建筑相关学科的知识传播，如城市景观设计、基础设施创建以及城市发展规划方面，甚至涉及传统的历史文化或艺术研究以及任何有关建筑的临展。城市建筑博物馆在世界范围内是一种不太常见的类型，部分原因是建筑本身。巨大体量难以成为可供陈列的收藏品，除了建筑模型与图片（图 1-3-1）。

在美国华盛顿特区，我们能够看到国家建筑博物馆的身影。1980 年，国会授权创建了该博物馆，其也在美国公共建筑博物馆中最为著名。国家建筑博物馆不仅展示建筑展品和收藏品，更注重将工程设计领域知识向公众进行传播。

成立于 1988 年的雅典娜建筑博物馆同样极具代表性，它既是大型建筑博物馆，也是和"国际建筑和设计"相关的主题博物馆。雅典娜建筑博物馆在爱尔兰、希腊、意大利和德国都设有分馆与办事处。它的展示范围并未局限于建筑设计，还包括平面设计、现代家电等（图 1-3-2）。

图 1-3-1　匈牙利建筑博物馆局部图

图 1-3-2 位于芝加哥的雅典娜建筑博物体，一个有关国际建筑和设计的主题博物馆

坐落在马里兰州弗雷德里克的 Schifferstadt 建筑博物馆是一座历史悠久的建筑，建于 1758 年。这座建筑建立之初是德国移民者用来居住的场所。参观游览者来到这个博物馆不仅仅可以欣赏精美的建筑风格，同时还可以了解最早的德裔移民以及发生战争的相关历史背景，不仅看到建筑外观，还了解到其更深层的故事。这座小型博物馆也是这一地区历史建筑保护与修复的良好典范（图 1-3-3）。

图 1-3-3 介绍德国早期移民的 Schifferstadt 建筑博物馆

二、考古博物馆

用于展示考古发现的博物馆被称为考古博物馆。展示场地不仅仅局限于室内，

还可能在原址及其附近进行室外展示，如雅典集市和罗马广场（图 1-3-4）。通常的室内考古博物馆则专门展示在考古遗址中发现的文物，如西澳大利亚博物馆，展出海洋考古发现。该博物馆特别在它侧翼的海难博物馆设置了一个沉船展厅，其他富有创意的展陈装置还包括一条探索水下沉船的神秘小径（图 1-3-5）。

图 1-3-4　著名的罗马广场

图 1-3-5　西澳大利亚博物馆里展出的海洋考古发现

三、艺术博物馆

通常来说，像人们所认知的艺术画廊就属于艺术博物馆范畴。艺术博物馆主要对视觉艺术品进行展示，在其艺术品门类的展品中，绝大多数都是雕塑以及绘画。那些非常珍贵的小型展示品或者手稿草图，通常会被保存在博物馆的展示柜或者库房内。当然，艺术博物馆的馆藏是多种多样的，像金属器件、家具、典籍、陶瓷等，都被囊括其中，甚至音频、视频艺术以及一些现代装置也可能被博物馆进行收藏与展示。

欧洲第一家面向公众进行开放的博物馆是位于巴塞尔的阿莫巴赫，其成立于1661年，起初是为了买卖收藏品，在随后慢慢发展为面向游客开放的巴塞尔艺术博物馆。世界上第一所大学艺术博物馆是1683年开放的牛津大学阿什莫林博物馆。乌菲兹美术馆位于佛罗伦萨，其本身是为了当地政府办公而建立起来，但日后却逐渐变为博物馆。著名的美第奇家族虽然渐渐没落，可佛罗伦萨却依然留有其收藏的艺术珍品，后来形成的博物馆也是最早的艺术博物馆之一。自16世纪以来，该博物馆面向有限人群进行开放，不过在1765年，它已面向全体公众进行开放。

艺术博物馆的产生及其专业化的管理代表着现代文明的发展逐渐成熟。许多博物馆都是由私人的收藏聚集起来，并开始向大众开放。1764年由凯瑟琳女王建立的圣彼得堡的冬宫，1852年向公众开放。法国大革命之后不久，建于1793年的巴黎卢浮宫：这一皇家宝藏归人民所有。博物馆从私人参观转向公众参观，这一转变提高了大众对艺术的兴趣，艺术也从精英文化开始转向大众文化。与上述古典艺术博物馆平分秋色，甚至更为受到当代关注的是为数众多的现代画廊，其中最为著名的如纽约的现代艺术博物馆、伦敦的泰德现代艺术馆等（图 1-3-6、图1-3-7）。

四、传记博物馆

传记博物馆也是生活中经常遇到的一类博物馆，这类博物馆主要用来纪念对国家或者人民做出非凡贡献的人，博物馆展示他们的生平事迹以及有特殊含义的生活用品，并且传记博物馆的选址多与名人有着多种联系，甚至选择其生活工作过的场所（例如位于纽约长岛的沙卡莫山的老罗斯福总统故居纪念馆和位于罗马西班牙广场的英国浪漫派诗人济慈和雪莱纪念馆）。传记博物馆除了收藏名人的传记资料外，在一些故居中，有时还包括该著名人物所从事的专业（事业）的介绍，以及其曾经拥有的重要藏品。这样的例子如伦敦惠灵顿公爵纪念馆，在他昔日的宅邸除了展出他的传记与文物外，还有他曾经收藏的世界著名画作。其他此类博物馆还有美国历届总统图书馆，这是美国政府为每一届卸任总统在其故乡修建的纪念馆（根据传统，这些纪念馆均被命名为图书馆），以纪念与表彰他们为国家所做的贡献（图 1-3-8、图 1-3-9）。

图 1-3-6 纽约现代艺术博物馆

图 1-3-7 伦敦的泰德现代艺术馆

图 1-3-8　罗斯福图书馆

图 1-3-9　小布什图书馆

五、交通博物馆

当人们看到"交通博物馆"几个字，可能下意识会认为，这一类型的博物馆主要是对有关交通的内容进行展示。不过，事实上，交通博物馆所涉范围很广，涵盖空运、陆运、水运，也包含有各种各样的交通工具。全世界有着上千家汽车博物馆，单在美国就有着 180 多家规模大小不一的汽车博物馆。虽然汽车诞生至今不过百余年，然而却有着大批的忠实爱好者，他们热爱汽车，就像热爱艺术收藏一样。经过时间的不断累积，人们似乎对过去的汽车重新燃起了兴趣，当下许多交通博物馆用来展示过去各个时间段的汽车，这其中的一些博物馆依靠售卖汽车营利，另外一些博物馆则是非营利性质的（图1-3-10）。

图 1-3-10　瑞士卢塞恩交通博物馆，隧道挖掘盾构机的刀盘图

六、军事与战争博物馆

军事博物馆是主要进行军事历史展示的博物馆。军事博物馆可以专用于某一特定战争或地区，如主要讲述皇家空军战史的英国皇家空军博物馆、专门讲述装甲车与坦克的德意志装甲博物馆、描述间谍活动的国际间谍博物馆、第二次世界大战期间空降伞兵历史中心（诺曼底）（图1-3-11），以及美国密苏里堪萨斯城的第一次世界大战博物馆等（图1-3-12）。

图 1-3-11　英国皇家空军博物馆

图 1-3-12 军事与战争位于密苏里堪萨斯城的第一次世界大战博物馆

七、自然历史博物馆

自然历史博物馆将自然世界以及文化向大众进行展示，其中包括自然界中存在的动物、植物，还有它们所遗留的骸骨。自然历史博物馆主要以青少年为自身受众群体，其建立的目的就是为了将知识传递给青少年，使他们能够认识多种多样、丰富多彩的自然界。自然科学博物馆主要探索领域包括环境问题、生物的多样性问题以及生物进化问题等。著名的自然历史博物馆包括伦敦自然历史博物馆（图 1-3-13）牛津大学自然历史博物馆、巴黎自然历史博物馆、华盛顿史密森学会国家自然历史博物馆、美国纽约的自然历史博物馆，以及加拿大渥太华和安大略省的自然博物馆等（图 1-3-14）。

图 1-3-13 伦敦自然历史博物馆大厅里的蓝鲸骨骼

图 1-3-14　渥太华自然历史博物馆

八、露天博物馆

露天博物馆不同于其他博物馆，主要进行露天的展示，通常博物馆的展室为古老的民众社区集合，展示空间不仅是古老的居民楼，还要与其周围环境相融合，成为一个整体。最早的露天博物馆典型是挪威奥斯卡二世在挪威奥斯卡附近的一处特别收藏，它于 1881 年对外开放，后被并入诺斯克民俗博物馆。1891 年，受参观这处露天博物馆的启发，瑞典博物馆学家阿瑟·哈泽利乌斯在斯德哥尔摩创立了斯堪森博物馆（图 1-3-15），他从全国各地搜集了 150 所旧房子，在各地拆解后又一砖一瓦地运到斯堪森重新搭建，该博物馆后来成为最著名的露天博物馆，成为展示工业时代前北欧地区生活的窗口。20 世纪 70 年代由法国率先兴起的生态博物馆的最初灵感也来源于早期的露天博物馆（图 1-3-16）。

图 1-3-15　瑞典斯堪森博物馆

图 1-3-16　雷恩生态博物馆

九、科技博物馆

科技博物馆是将科技成果与历史共同展示的博物馆，人类的科技发展史与不同时期的伟大发明创造都——陈列其中，生动地了解科学技术的发展过程。科技博物馆不仅单一注重科学技术的展示，文化与遗产在科技博物馆中也得到了展示，这一传统源于科技与艺术得到极大发展的文艺复兴时期。这些早期的科学收藏代表了人类对收藏的一种迷恋，这种迷恋产生于 15 世纪，源于文艺复兴时期人类文化与科技发明的大爆炸，从而需要对这些珍贵的遗产进行有效的管理与传播，探索出一条更加系统有效的交流形式。科技博物馆是当时最权威与无可争辩的知识机构，是一个"收集、观看和了解"的所在，是"任何人"都能来调查科学证据的地方。到了 19 世纪，科技博物馆更加繁荣，并且拥有了更强大的展示能力，丰富多彩的展览手段使科技变得直观和有序。到 20 世纪，科技博物馆的公共教育功能变得更加完善，它们在向公众揭示模糊的科学世界时，更加生动清晰。

许多科技博物馆的受众依旧是儿童与青少年，因此十分注重与观众的互动性，在天文台等展厅，利用科技手段将画面清晰地呈现出来，让观众仿佛置身于此，感受科学技术的魅力。例如，IMAX 电影内容为所有年龄段的人们提供了更为身临其境的体验（图 1-3-17）。

图 1-3-17　芝加离科学与工业博物馆

十、特殊主题博物馆

前面我们所介绍的，都是在主题大类上有着明确划分的博物馆，而在现实中，其实还存在着很多有着特殊主题的博物馆，且它们的展示仅仅围绕自身的特定主题。例如，北京故宫的钟表馆、圣路易斯的蓝调博物馆、俄罗斯圣彼得堡的里姆斯基—科尔萨科夫公寓博物馆、俄亥俄州克利夫兰的摇滚名人堂和博物馆等。

在亚利桑那州的格伦代尔，串珠博物馆讲述的是全球范围内对串珠的历史、文化和艺术意义的欣赏和理解，这些串珠和相关文物可以追溯到 15000 年前。在美国西南部的还有历史悠久的城镇，如汤姆斯通、亚利桑那州。这些历史城镇是许多"活历史"博物馆的所在地，游客可以在这些博物馆中所扮演历史人物的角色的演员那里了解某一历史事件，位于弗吉尼亚州的威廉斯堡殖民地就是一个致力于通过重演来保存美国故事的例子。

西班牙的玩具博物馆是一座以青少年为对象的博物馆，主要为了进行与青少年进行交互式教育体验，与世界上许多其他儿童玩具博物馆一样，儿童与玩具成为博物馆的主题。而美国棒球名人堂和博物馆、德国多特蒙德博物馆等都是体育主题类博物馆（图 1-3-18）。康宁玻璃博物馆记述玻璃的艺术、历史和科学。国家犯罪与惩戒博物馆则探索解决犯罪的科学。位于美国肯塔基州丹维尔的美国玩具屋博物馆以缩微的方式描绘了美国的社会历史。毗邻斯图加特保时捷工厂的保时捷博物馆更是一座世界著名的单一主题性博物馆（图 1-3-19）。

图 1-3-18　美国棒球名人堂和博物馆

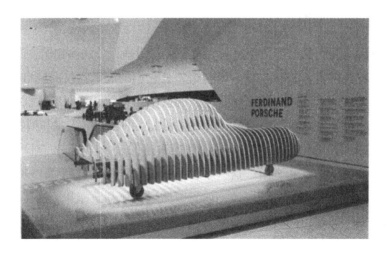

图 1-3-19　德国保时捷博物馆

十一、动植物博物馆

公众经常进行游玩的动物园与植物园经常不被认为是博物馆，但其实它们同样是用来展示生命的博物馆，通过展示动植物及其标本对青少年进行教育、互动，与博物馆拥有同样的保存、传递知识的功能，因此，动植物园也是一种记录生命的博物馆。

动物园与植物园是人们喜爱的地方之一，它们的到访者人数甚至远远超过大部分普通博物馆。世界著名的动物园包括美国的圣地亚哥动物园、英国伦敦动物园、芝加哥的布鲁克菲尔德动物园、纽约的布朗克斯动物园、迈阿密海洋博物馆、辛辛那提动物园和植物园，以及瑞士的苏黎世动物园等。著名的植物园包括英国皇家植物园、巴黎植物园、布鲁克林植物园、芝加哥植物园、台北植物园、悉尼植物园和加拿大的皇家植物园等（图1-3-20、图1-3-21、图1-3-22）。

图 1-3-20 悉尼植物园

图 1-3-21 苏黎世动物园

图 1-3-22　迈阿密海洋博物馆

十二、儿童博物馆

儿童在学校课堂外，还可以在儿童博物馆获取许多额外的知识与互动，儿童博物馆中的展览设施以儿童及其活动为主题。与传统的博物馆相比，儿童博物馆通常实行放手政策（Hands off policy，即非灌输性的说教），其特色是设置众多的互动展项，让孩子们亲自做。支持这一实践的理由是互动可以像教学一样具有教育意义，特别是在儿童早期。一般情况下，儿童博物馆的设立多为公益性质，其中工作人员多为志愿者，还有少数的博物馆管理者。

1899 年，布鲁克林艺术与科学学院建立了布鲁克林儿童博物馆，该博物馆也被认为是在美国建立的第一个少儿博物馆。布鲁克林儿童博物馆的发言人曾经指出，现有的博物馆中，大部分都没能对少年儿童的需求进行考虑，尽管现代博物馆认为自身属于公共教育机构，可是实际上，其所展出的展品并不能对少年儿童的需求进行满足。那些过高的展台、太过专业的教科书式的语言、千篇一律的展陈设计模式，都限制了儿童对展品的了解。除此之外，在这些博物馆中，展品往往被禁止触摸，而这也无形中限制了少儿观众的参观热情。

早期儿童博物馆的经营方式展示儿童喜欢的科学生物类展品为主，这些展品多为静态的作品，20 世纪后，儿童博物馆中很少看到静态的艺术科技展示品，而是多为与儿童互动的动态展示品，主要目的是通过互动的方式让儿童体验学习的过程。（图 1-3-23、图 1-3-24）。

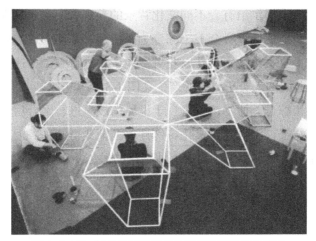

图 1-3-23　纽约的布鲁克林儿童博物馆的参与活动

图 1-3-24　美国亚特兰大儿童博物馆

现代博物馆与 19 世纪的博物馆相比，其展品数量大大减少，而精品数量却有所增加，由此可见，文物等收藏已不是博物馆价值的唯一追求，博物馆作为文化机构，更多关注的是其所承担的社会职责与教育功能，儿童博物馆尤其如此。

十三、百科全书博物馆

这类图书馆的主题主要为"讲述故事"，其主题源于世界许多国家和地区十分具有特色的故事。作为专业机构，主题博物馆会对这些故事加以整合，向公众进行展示。百科全书（综合）博物馆往往有着丰富的展品，且权威性很强，能够将全方位的文化解读提供给有着不同文化背景的参观者。尼尔·麦格雷戈（大英博物馆馆长）坚定地倡导百科全书（综合）博物馆，他认为这类博物馆能够让博物馆参观者身处世界文化之中，并以此对多元文化进行强调，这对社会是非常有利的，能够促进共同的人类历史感的产生（图1-3-25）。

但百科全书（综合）博物馆对来自于世界的故事进行融合后，就会使它们丧失生源地的文化特征，不再具有文化特殊性，渐渐变得统一。因此，部分专家学者（如考古学家）对百科全书（综合）博物馆的做法并不认同。

图 1-3-25　伦敦大英博物馆中庭的新天棚

十四、民族与人类学博物馆

民族学博物馆是以民族与人类学学科背景为基础，进行展示其研究成果的博物馆，博物馆的藏品多以艺术品文物为主，但是每件展品都与其研究方向相关。这类博物馆通常建在拥有不同种族群体或大量少数民族的国家或特殊地区。这类博物馆中较为有名的如格鲁吉亚奥祖尔盖蒂历史博物馆和美国佐治亚州的民族志博物馆等。奥祖尔盖蒂历史博物馆是一个位于格鲁吉亚共和国古里亚地区的历史民族志博物馆，也是该地区最大的博物馆，收藏了新石器时代的藏品，早期、中期和晚期青铜时代格鲁吉亚文化的独特例子，铁器时代的墓地库存，古代银器和金色物品，钱币（亚历山大大帝的金币，科尔希亚银币，土耳其硬币，独特的欧洲银币），民族志（19世纪的工作和生活对象、美术），具有历史价值的档案书籍等。如今的博物馆包括6000多件展品，可追溯到公元前9世纪至今（图1-3-26）。

图 1-3-26　位于格鲁吉亚共和国古里亚地区的奥祖尔盖蒂历史博物馆

十五、历史博物馆

历史博物馆的主要功能依旧是展示各种时期的藏品为主，包括书信、字画、照片、使用过的物品为主。历史博物馆以这些收藏物品讲述过去发生的故事，再由此对未来进行大胆预测。有些涉及特定专项领域的历史或聚焦于某些特定地域。最常见的历史博物馆往往建在著名的历史建筑中，地方和国家政府也经常将这些具有文物价值的建筑开发为博物馆。世界上有许多历史题材的国家博物馆，如美国国家历史和文化博物馆。当然也有一些现代建筑的历史博物馆，如东京江户博物馆。历史遗址也可以作为博物馆，如华盛顿特区福特剧院博物馆。美国国家公园管理局将历史遗址定义为"重大事件、历史人物的职业和活动所在地及建筑物，无论现存、毁坏还是消失，无论现有结构的价值如何，地点本身都具有历史、文化与考古价值"。

历史博物馆不仅局限于讲述国家和地区的历史，也会有特殊主题的历史讲述，如圣路易斯的布鲁斯音乐博物馆、纽约市国家购物中心的国家妇女历史博物馆，甚至是国家同性恋博物馆等（图 1-3-27）。

历史博物馆的形式也在不断创新，不只是静态的博物馆，还可能是动态的博物馆，一些演员穿上特定的历史服装，将历史故事生动地演绎出来，将建筑、文物与环境融为一体，游览者的观感更加真实。例如，弗吉尼亚州占地 301 英亩的威廉斯堡就是一个这样的活的历史博物馆，它有趣地再现了 18 世纪美国独立战争前夕的殖民地。这座博物馆包括数百座建筑物，有些建筑是原物，但大部分为重建（图 1-3-28）。

图 1-3-27　位于美国圣路易斯的布鲁斯音乐博物馆

图 1-3-28　弗吉尼亚州占地 301 英亩的威廉斯堡博物馆

十六、航海博物馆

　　航海博物馆，顾名思义，就是主要对航海文化进行讲述。航海的历史、航海中的考古发现、航海探索路线等都是博物馆中的内容。航海博物馆有着不同类型（图 1-3-29、图 1-3-30），其一为海洋博物馆，该类博物馆主要是介绍海洋环境以及调查海难事故；其二为航海历史博物馆，主要是对人类海洋史进行科普教育，以增进大众对这方面的了解；其三为以军事为重点的海洋博物馆，如"爱荷华号"战列舰博物馆就是其中的典型代表（图 1-3-31）。

图 1-3-29　丹麦哥本哈根航海博物馆

图 1-3-30　巴塞罗那航海博物馆

图 1-3-31 "爱荷华号"战列舰博物馆

十七、医学博物馆

医学博物馆从某种角度来说，也属于科学博物馆的一种，展示人体科学的博物馆。历史上有很多著名的医学博物馆，如费城的穆特尔博物馆和苏格兰格拉斯哥皇家外科学院的亨特尔医学博物馆等。文艺复兴时期，许多精英人士将人体组织、名贵药材收集在古董柜中，这些古董柜便是医学博物馆的雏形。医生和药剂师等医务工作者，利用展示的藏品给学生上课，展品的数量与质量关系其在社会中的地位，医生和药剂师通常利用这些机会提高自己的威望。16 世纪后期，由于医学界更加重视医学的教学与实践，医学收藏成为医学教育的一个基本组成部分。17 世纪出现了长期保存软组织样本的新发展，到了 18 世纪中叶，像约翰·亨特这样的医生率先将解剖学收藏作为教学工具。19 世纪初，大不列颠的许多医院和医学院都建立了相当规模的教学馆藏。在美国，早在 1762 年，费城的宾夕法尼亚医院就已经收集了关于怀孕各个阶段的石膏模型作为展品。

19—20 世纪初是医学博物馆的鼎盛时期。作为医学教育的重要组成部分，干、湿解剖标本、石膏、素描、油画和照片等成为医学解剖学的有效手段。但到了 20世纪 20 年代，医学博物馆开始逐渐衰落。医药学现在已成为各科学博物馆中的一个分支（图 1-3-32、图 1-3-33、图 1-3-34）。

图 1-3-32　位于苏格兰格拉斯哥的亨特尔医学博物馆

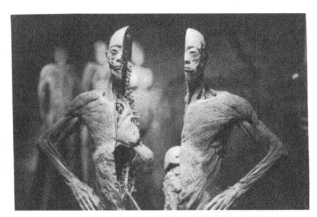

图 1-3-33　拉斯维加斯的人体艺术馆（临展）

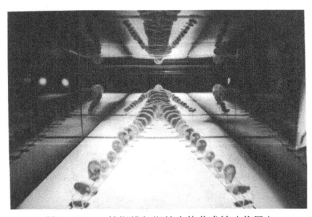

图 1-3-34　拉斯维加斯的人体艺术馆（临展）

十八、纪念馆

纪念馆的设立对大众的教育起到了许多积极的作用，与上述的历史博物馆相似，其设立是对一些特定事件的记录，这些事件多为人类所遭受过的苦难为主题，时刻警醒群众，避免悲剧的再次发生。这一概念在整个 20 世纪得到了广泛的响应，以回应在那个世纪中所犯下的大规模暴行。纪念馆所纪念的事件往往涉及平民受害者，他们并不是英雄而只是受难者。建立这样的纪念馆的主要目的除了怀念，更重要的是警示后人，同样的悲剧绝不可重演。此类纪念馆在世界上有很多，包括美国的"911"国家纪念博物馆（图 1-3-35、图 1-3-36）、犹太大屠杀纪念馆、柬埔寨大屠杀博物馆、南非开普敦第六区博物馆等。虽然此类纪念馆是一个 20 世纪的产品，但也有些例外，如塞内加尔的黑奴贸易博物馆（联合国教科文组织世界遗产）则聚焦于其他时期。

和传统的历史博物馆相比，纪念馆有着自身独特的使命，其中最重要的就是"教育使命"。纪念馆不仅承担着历史教育的任务，更进行着道德批判，在向参观者输出知识的同时，也令其深深思考。而传统博物馆则属于中立机构，重点是普及知识。一般来说，纪念馆位于特定的场景内，因而也有着特殊氛围。其存在意义即为"纪念"，因而密切联系着现实社会（如受迫害的种族或某一特定群体、受害者家庭成员等）。这类纪念馆也都有着共同的特点，那就是会以一句话作为该馆标志，对后人加以警示。例如，"向世人揭示悲剧，保护受难者的记忆，引发参观者对大屠杀事件的反思，思考自己作为公民的道德与道义之责"，这句话就是犹太大屠杀纪念馆的使命象征。

图 1-3-35　纽约"911"国家纪念博物馆

图 1-3-36 纽约"911"国家纪念博物馆外的水池

第四节 博物馆的现代角色

一、现代博物馆的管理

现代博物馆自身具有的规模往往决定着其采用何种管理模式，因而，不同的博物馆有着不同的管理方式。在通常情况下，博物馆最高决策管理层是董事会，其能够任命馆长。馆长所负责的是博物馆的具体事务。博物馆的使命由董事会和馆长共同确立并对其加以履行，保障博物馆能够对公众负责。博物馆的基本政策、体系架构则由董事会及其所有成员共同确立，包括战略计划、机构设置、章程、展品征集政策、道德规范等。较大型的博物馆联盟（如美国博物馆联盟）会额外制订专业指导意见，以及一系列统一的规范标准，从而对博物馆的标准化管理提供帮助与指导。

当然，我们还要认识到，博物馆能否接受专业模式的管理，也取决于其是否具有一定的财力。假使某一博物馆"囊中羞涩"，年度预算未能达到一定水平，那么就不会得到博物馆联盟的认可，自然也享受不到更加专业的管理。

博物馆管理较为复杂，需要管理者习得各种技能，如预算管理、危机公关、绩效评估、员工监督等。同时，管理者还应当制订出一系列标准，始终和博物馆界保持联络，对业界活动积极响应并参与。无论是博物馆的普通工作执行者还是其管理层，都要树立这样的理念，即努力推动博物馆发展，努力落实博物馆的预期目标与发展规划。

下面，本书将对博物馆中常见职位进行简要介绍。

（一）董事会

博物馆的最高领导是董事会。博物馆的标准、政策由董事会全体成员进行制订。同时，董事会成员还负责博物馆财务，负责制订管理规则。董事会成员经常参与博物馆的筹款活动并负责重要岗位的人事任免。

（二）馆长

博物馆的馆长通常都是从事博物馆管理的专业人士，且有着多年经验。馆长负责与董事会进行连接，负责博物馆管理的具体实施。如前所述，馆长由董事会进行任免，同时也需要贯彻落实董事会提出的要求。此外，馆长还应紧密联系馆内各部门工作人员，与他们一起，对博物馆各项事宜进行妥善处理。

（三）策展人

策展人是展览背后的智力驱动因素。他们研究博物馆的收藏和焦点话题，制定展览主题，并发布针对公众或学术观众的展览信息。较大型的博物馆会有多个策展人分别负责各个不同的领域。例如，亨利·福特博物馆有一位运输策展人、一位公共生活策展人与一位装饰艺术馆策展人等。

（四）藏品管理员

藏品管理员们是与藏品接触最多的人，负责藏品的移动与保存，定时检查藏品是否存在问题，是藏品最直接的联系者，实际的操作手。

（五）展览设计师

展览设计师负责展览的设计与现场布展的实施。他们首先提出概念设计，然后根据各部门的反馈意见逐步对设计方案进行深化与调整，最终在特定的展览空间指导施工团队完成布展。极少数博物馆拥有自己的专职设计师，大部分展览都聘请专业展览设计公司进行设计。修复技师（Conservator）、修复部专职文物的养护与修复工作。他们不仅要将藏品保持在目前的状态，还担负着如何保持文物状态的稳定性与如何最大限度将文物恢复到早期样貌等课题的研究专门课题进行研究。

（六）教育专员

教育专员主要承担的是博物馆的推广任务、教育任务。教育人员要有针对性地为博物馆随时的展览信息设定主要参观受众，并依据不同受众背景，具体地对相关展示活动进行策划，从而强化参观者与博物馆之间的互动联系。教育专员既要对外，也要对内，对外是指与公众进行合作，而对内则是与博物馆其他工作人员通力合作，共同进行项目开发，做好展览有关准备。

（七）修复技师

修复技师主要承担的是文物的保存、修复工作。针对那些受损文物，修复技师要对其加以修复，最大限度帮其还原本来样貌，便于专家学者对文物进行深入研究；而针对那些完整的、未被损坏的文物，修复技师要将其保存于最为适宜的温度、湿度之中，让文物得以保有原貌。

（八）注册管理员

注册管理员负责所有藏品的文案记录。他们负责藏品的所有技术资料、相关记录、保险及被批准的借出与归还等。与收集相关的法律问题通常也由注册管理员负责。

二、博物馆的规划

"博物馆规划"这一专有名词最早是由美国的纽瓦克博物馆创始人兼图书管理员约翰·科顿·达纳（John Cotton Dana）提出的，主要意思是明确博物院的使命，根据现有的藏品与空间结构相结合，更舒适地向大众展示收藏品。20世纪初，达纳在他的一系列著作中详细介绍了建立纽瓦克博物馆的过程。他建议，博物馆的潜在创始人首先需要成立一个委员会，向有关部门与社区进行咨询，逐步明确这个博物馆的目的与功能，以及为本城市或社区能够带来什么。根据达纳的说法，博物馆应根据社区的需求进行规划："新博物"不应以盲目的教育为基础。它首先应该反映社区的生活和文化，倾尽精力收集展览所需的一切材料，并使该材料以最有效的手段与方式广为传播。

博物馆的建筑规划与设计风格因其所收藏的内容而异，但从根本上来讲，首先要明确的建馆目标是：在一个公众可以轻松进入的空间里，身临其境地欣赏并能够与陈列的展品进行情感上的交流。这一最基本的博物馆理念来自达纳，在博物馆的规划中，他对博物馆的位置与选址尤为重视，对那些地处郊外，公众不容易进入的地区，特别是对那些需要改建的阴暗老旧建筑一直持有特别谨慎的态度。

尽管当今博物馆已经为大众提供了许多藏品，但是其中仍有许多问题难以解决，存在许多矛盾。展品的展示与保存有时难以兼顾，展品数量与展示空间同样存在问题。事实上，世界上的许多博物馆中所陈列的展品只是其全部收藏的一小部分，而大部分藏品通常被锁在安全的仓库中，大多数普通参观者可能永远也没有机会看到。21世纪博物馆的开拓性尝试之一就是"开放性收藏"，一种开放式的藏品存储，即仓库成为展陈的一部分。布鲁克林博物馆的露丝艺术中心率先践行了这种开放式存储。在那里，公众可以看到仓库中没有公开摆放的展品，尽管这些展品可能没有详细的说明标签和精美的陈列装饰（图1-4-1）。然而，对于这种开放式收藏的方式仍旧其说法不一，尚在探索与辩论当中。

图1-4-1　布鲁克林博物馆的露丝艺术中心

传统艺术博物馆与现代博物馆在功能与作用上有许多不同点，传统艺术博物馆主要进行客观的艺术品展示，而现代博物馆则有主观的表达与思考。后者更注重主题策划，更强调展陈的体现形式，包括图像、音频和视觉效果以及交互式的总体展览空间的设计等。现代博物馆的建立始于一系列博物馆规划，这个过程包括确定博物馆的愿景以及实现这一愿景所需的资源、组织和经验、可行性研究、设施分析与各种专业审批都是博物馆规划过程中不可或缺的环节。

有些博物馆的存在并不依存于藏品的数量，它们是有特殊意义的博物馆：如洛杉矶的格里菲斯天文台与费城的国家宪法中心，这两座"博物馆"中的文物很少，却以大量的信息向参观者叙述生动的历史故事，这种纪念与教育的功能是一般博物馆不能替代的。但也有一些博物馆不仅拥有让人铭记的历史，还存放着数量可观的艺术品，比如位于首都华盛顿的犹太大屠杀纪念馆。

三、博物馆的经济价值

建于西班牙毕尔巴鄂地区的古根海姆博物馆（图 1-4-2），近年为其国家和地区发展做出了不容小觑的贡献，博物馆吸引了大量来自世界各地的游客，经济因此得到发展。这一现象在发达国家的城市中尤其如此。例如，这一项目是巴斯克地方政府为振兴该市破旧的港口地区而采取的重要举措。在规划初期，这个修建计划曾由于建筑费用庞大（政府出资 1 亿美元）而遭到当地民众的抵制，但经过地方政府的种种斡旋和努力，终于将这一雄伟的文化地标成功建成。这一近乎赌博的规划最终为巴斯克市带来了巨大的经济回报：仅 2015 年就有 110 多万人参观了该博物馆。这时大家惊奇地注意到，参观博物馆的外国游客人数众多，63% 的游客来自西班牙境外。古根海姆为毕尔巴鄂赚来了国际声誉，并随后为这一地区带来了多笔海外投资。另一个案例是位于北爱尔兰首府贝尔法斯特的泰坦尼克纪念馆的建造（图 1-4-3），它位于曾经建造了著名的泰坦尼克号邮轮的造船厂原址，其修建价格与西班牙古根海姆博物馆相同。这座博物馆于 2012 年即泰坦尼克号处女航 100 周年纪念日开馆。最初预计每年接待游客数量为 43 万人，但第一年游客人数就超过了 80 万人，其中有近 60% 的参观者来自北爱尔兰以外地区。

图 1-4-2　建于西班牙毕尔巴鄂地区的古根海姆博物馆

图 1-4-3　位于北爱尔兰首府贝尔法斯特的泰坦尼克纪念馆

这些博物馆项目的成功，证明了城市与地方政府"将博物馆用作文化经济驱动力"的预想的正确，但一些发达国家也受到了许多争议，支持传统文化的群众，不同意博物馆的发展"廉价庸俗"化，希望文化可以保持其特有的魅力，他们也因此多次举行游行示威活动。而支持这一市场化政策的一派则坚持认为，只要博物馆能赢得数量众多的观众，反对的声音就会削弱，就像在西班牙的毕尔巴鄂那样，古根海姆博物馆的巨大成功终于彻底平息了一度甚嚣尘上的反对声浪。当然也有许多不成功的例子，投入与经济效益并不匹配，因此至今也有学者认为，"要求博物馆帮助政府解决政治与经济问题，无异于将博物馆置于不可避免的失败地位，也会让我们的观众不可避免地失望"（史蒂夫·康语，迈阿密大学历史学教授）。

四、博物馆的设计

建筑设计与展陈设计是博物馆设计的两大部分。本书的主要侧重方向是展陈设计，展陈设计是对博物馆内部空间的布局与藏品的设计。大多数中型以上的博物馆都会聘请专业展览设计人员进行平面与三维环境空间的展陈设计。除了传统的建筑师、二维和三维设计师外，设计团队还可能会包括视听专家、软件设计师、受众研究与评估专家、作家、编辑、制作人或各种特殊艺术人才。除了这些设计人员外，还会雇佣大量的工程与制作人员负责监督合同设计与生产服务。通过对展览大纲的理解和分析，确定最有效、最有吸引力和最恰当的传达信息或讲述故事的方法。从概念计划到深化设计、技术体现、合同文档、制作、安装、验收与修改等一系列设计流程，最终竣工完成。

展览设计经过多年的沉淀与发展，已经形成独有的设计语言，最为常用的设计方式是利用实物进行表达或者通过比喻手法进行叙述。特别是隐喻手法（又可译为转喻），即以一种形象代表某种含义的艺术表现形式。许多现代博物馆都采用了这种设计手段，大家公认的最具影响力的成功范例就是位于华盛顿特区的犹太大屠杀博物馆。

例如，华盛顿特区的美国大屠杀纪念博物馆中的"遇难者的鞋"就是一个鲜明的代表。整个艺术装置摆放了无数双皮鞋，这些皮鞋的主人都是大屠杀的遇难者，皮鞋放置于灰色的混凝土墙上，带给人冷冽的氛围感。这个展览就是利用隐喻的表现手法，加深了观看者情感上的共鸣，感官与情感共同作用，印象深刻。这个设计故意弱化了遇难者的个体身份，代之以用各种不同型号的鞋来代表不同性别与年龄的遇难者群体，将他们化作整个的遇难群体来强化这场属于全人类的灾难。隐喻是一种非常强大的设计手法，它可以通过观众熟悉的东西或场景唤起他们类似的记忆并激发他们对这场人类灾难的想象（图 1-4-4）。

图 1-4-4 美国大屠杀纪念馆的"遇滩者的鞋"

隐喻这种手法虽然带来的效果令人满意，但在展览中并不能一味使用，过度使用会影响游览者对展览的判断，展品的真实性受到影响。尤其会使个体的记忆与痛苦在整体的展览中消失。因此大多数博物馆都使用真实的文物与隐喻性的艺术手段并列。

展示真实文物背后的基本理念是不仅要为展览的历史叙事提供合法性，而且有时还会让叙事更加生动。这种实物展示手法背后的理论是以中性的方式展示文物，通过文物本身的真实性来加强叙事的权威性。但使用真实的文物时必须要注意叙事的连贯性，在展览中文物并不是互不相关的单独的个体，博物馆的设计要保证画面的完整性。对那些拥有海量藏品与细节片段的展览，连贯和完整设计是否合理是展览的重要指标。精心设计的展览应该视文物为叙事的基础，而不是展览的全部，任何尽职尽责的策展人都应该记住这一点。

由于博物馆中互动技术的展品不断增多，许多学者便开玩笑地说，博物馆是否还需要藏品支撑博物馆的发展，近年来，博物馆的藏品数量一直呈下降趋势。尤其随着教育功能在博物馆中不断发展，大量的真品收藏已经逐渐消失。人们或许不应将这一现实视为一种消极的发展趋势，有学者认为，绝大部分参观者并不在意是否看到真品，真品应当存于档案库中，供那些真正需要见到它们的学者或学生参观。这种现象目前在各国的科学博物馆中尤为普遍，即便是历史与人文类的博物馆中，大量使用仿制品也极为常见，如著名的英国维多利亚与阿尔伯特博物馆（图 1-4-5）。

图 1-4-5　著名的英国维多利亚与阿尔伯特博物馆

第二章　现代博物馆的空间构成

现代博物馆的空间构成与观众的体验感有着密不可分的联系，很多充满特色的博物馆其空间构成十分有趣。本章分为四节，首先介绍了博物馆公共文化空间，之后分别从互动与表演空间、体验与模拟空间、叙事与情境空间介绍不同的博物馆。

第一节　博物馆公共文化空间

一、公共文化空间的概念

文化空间的原本意义是指一个具有文化意义或性质的物理空间、场所、地点，文化空间是指一个社会群体的文化现象、文化需求和历史记忆在一定区域的空间表现以及社会成员之间在这个空间文化交往的表达方式。所以，文化空间需要具备以下基本要素：人、物理空间、交往互动、文化活动等。它是体现意义、价值的场所、场景、景观，由场所与意义符号、价值载体共同构成，其关键意旨是形成具有核心象征的文化空间。

在《空间的生产》一书中，亨利·列斐伏尔对多种空间类型进行列举，包括具体空间、绝对空间、共享空间、文化空间、抽象空间等。其中"文化空间"隶属于社会空间，其参与空间生产，同时也形成一定价值。[1]

具有意义阐释与价值生产功能的文化空间在公共性内涵不断加强和体现的过程中所形成的新的空间内容与形式就是公共文化空间，它既对空间的文化性加以强调，又对空间的公共性进行凸显。按照公共性理论核心思想，与私人文化空间相对应的即为"公共文化空间"。"在很大程度上，人们生活在相对陌生的人群中，

---

[1]　Gareth Shaw. Tourism and Tourism Spaces[M].Sage Publications Ltd，2004.

这种状况很好地保护了私密性，但是人们有交往的愿望，有交往的需求，当这种私人空间严格的建立起来之后，人们就要寻找一个其他的场合去交往，这就有了相对公共空间的要求"。①

不过，在一些特定情况下，私人空间也能向着公共文化空间进行转化。举个很典型的例子，私人博物馆面向公众进行开放，其实就是将私人空间转化为公共文化空间。

伴随社会民主化、市民化的推进，城市空间也呈现出社会化趋势，而公共空间的增长即是其主要表现。人们将公共空间比作城市的"眼睛"，因为诸如公园、街道、广场等空间都浓缩且具象地将当地精神、人群和文化展现而出。现如今，城市公共文化空间具有着愈发重要的公共性意义，其形成了强大力量，也形成了十分巨大的社会经济综合价值。而这也正是当今时代的一大重要特征。

二、博物馆公共文化空间的内涵与特征

博物馆能够"冻结时间"，我们通过参观历史、自然科学、美术等博物馆，能够对一个国家、一个民族的种种方面进行观察。作为非常重要的公共文化空间，博物馆一方面对现代生活以及城市的发展历史进行集中反映，又对城市文化的某一方面进行剧场式或舞台化的呈现；另一方面，博物馆文化展示内容密切地交织着现代城市生活，我们可以看到，有很多新兴博物馆对城市日常生活进行展示。

此外，由于博物馆愈发强化自身"公共性"特点，因而其也日益融入城市大旅游空间概念之中。

（一）博物馆公共文化空间的基本内涵

在历史长河中，博物馆逐渐从"王宫圣殿"落入"凡尘民间"，进入大众日常生活。

1683 年开放的英国牛津大学阿希莫利恩博物馆是最早建立的作为公共机构、并具有公益性的博物馆代表。阿什顿·利弗，英国自然物品收藏家，他收集了很多舶来品、武器、民族服装、化石，并在 1774 年以此为基础开办了公共博物馆。无论有无官衔、属于何种阶层，人们都可以进入该博物馆进行参观，不过需要购买一张门票。门票收入也是该博物馆维持经营的方式。而这一博物馆正是公共博

---

① Graham Black.The Engaging Museum：Developing Museums for Visitor Involve-menr[M]. Routledge，2005.

物馆的起源。

　　一方面，博物馆要为学术研究进行服务，另一方面，博物馆也要对大众进行鼓励，促使其了解、学习文化知识，因而在整个十八、十九世纪，二者之间的矛盾都十分突出。不过，渐渐地，博物馆仍旧演变为广泛的、有着公益精神的机构。例如，1793 年，法国巴黎卢浮宫面向公众开放，其秉持"博物馆应易于接近"的理念，真正拉近了公众与皇室艺术藏品之间的距离。

　　通过了解博物馆的历史，我们能够看到，当博物馆面向公众开放后，它其实已经成为了公共文化空间。并且，在博物馆数百年的发展过程中，都深深受到人人平等的"公共性"观念影响，到如今，已经逐渐形成了当代新博物馆学理念——以人为本。

　　虽然博物馆大众化与博物馆精英化之间的矛盾并未真正得以解决，但普通人仍然络绎不绝地进入博物馆进行参观。并且，博物馆中所收藏的藏品、所展示的历史文化内容，归根结底应由全人类共有，应当为社会共享。所以，博物馆公共文化空间已经成为公众自由参观并从中汲取所需养料的公共场所，发端于资产阶级公共领域的深刻的"公共性"内涵也成为博物馆的基本特质。

　　旅游开发既推动着博物馆面向公众进行全面开放，也是促进博物馆公共性回归的重要手段，对博物馆公共文化空间的发展阶段进行了有效提升。

　　第一，作为文化空间，博物馆的核心始终为"文化展示"，其以多样化的展示主题、展示手段对参观者进行引导，使其深入思考、沉浸想象，也使其对博物馆文化形成特定理解与认知。

　　博物馆中，展品往往具有特定的历史朝代背景，而我们无法在现实生活中对该背景环境进行真实感知。当我们步入博物馆时，在参观欣赏展品的过程中，就仿佛身处想象空间，通过阅读文字介绍、欣赏展品画面、观看视频等方式，对展品进行更为深刻的理解，也对展品背后的历史文化加以体悟。此外，由于城市博物馆有着越来越丰富的文化类型，推出着千变万化、与众不同的展示主题，使得博物馆文化旅游需求不再局限于传统的"求知"，而更拓展向"求新""求奇"，增添了探险娱乐成分。所以，无论是"重回历史时代"还是"踏入未来空间"，都已成为一种市场需求。

　　第二，作为公共文化空间，博物馆已不再单纯是文物陈列场所或科学研究机构，而正转变为综合性的文化休闲中心。身处现代旅游环境之中，不论是新兴的行业博物馆，还是传统的自然科学博物馆、历史博物馆，都要尽可能对公众需求加以满足,因此它们大多不再只对专业人士兴趣进行关注,开始立足现实生存基础,转而对大众口味进行迎合。

当前,博物馆前台展示就最大限度地对体验性、参与性进行强调,用动态展示替换掉传统的静态展示。在现代博物馆公共文化空间中,我们可以看到电视大屏幕中历史场景的模拟重现、现实版的真人秀、各种高科技声光电手段的使用等。这些都已成为博物馆的特色,它们丰富了人们对于未知领域的想象,并同时满足着人们在休闲娱乐与探索求知两方面的需求。

在以现代展示技术为主体的文化呈现过程中,博物馆已经成为能对人们多重感官体验加以满足的公共空间。不管是对虚拟现实的设计,还是展示背景,其都有一个共同的前提,那就是"人的感觉模式"。其为人们提供了一个能够通过参观游览对展品及有关知识进行感觉的环境,而非单纯地摆出那些冷冰冰的、抽象的知识。本真性是通过环境体验和以人为本的体验来获得的,博物馆正是想要通过对各类体验空间进行构建,为参观者更好地还原那些真实情境。

(二)博物馆公共文化空间的主要特征

博物馆公共文化空间具有以下三个主要特征:其一,文化产品的再生产并不单单依托于独立的展品,而是以现代生活方式进行。其二,在城市再发展主题之下,前工业时代留下来的场所逐渐向展示空间进行转变;其三,在技术手段的帮助下,博物馆展示将文化意义"传输"到特定地点,对"对话的环境"加以创造,从而吸引游客注意力并予以保持,这也是博物馆公共文化空间最重要的特点。

这些变化都体现出博物馆对于"公共性""文化性"和"空间"概念的现实演绎,并形成对于博物馆文化特质的新的认识。博物馆所展示的文化不再以特定的实物展品为主,而更多地致力于演绎再现历史过程。因此,文化也逐渐变得舞台化、景观化。然而,伴随着这些变化的发生,博物馆在"服务大众"与"关注学术"之间的矛盾也愈发凸显,一些争论与思考也由此引发,主要表现在如下三方面:

第一,在"学术研究"方面,博物馆的服务功能相对降低,而更多地侧重于应用外在技术手段。举例而言,现今电视已经成为一种颇为重要的娱乐大众的工具,因此博物馆就更多地利用电视这一设备吸引大众入馆参观,而像展品的收集、展出、研究等博物馆成立最初的目的,已经逐渐成为其他社会性活动的从属。从这方面看,和其他娱乐机构、福利机构相比,博物馆似乎也没什么区别,它仅仅为顾客提供一碗喝过就忘的清汤，没能真正用自然展品、历史展品对大众智慧进行启迪。

第二，博物馆展示中任何试图重现历史的行为都易于成为某些学术专家或相关组织的个人行为和利益工具。现代博物馆已不再以展品为中心，而开始以人为中心，特别是以游客为中心。因此，部分博物馆无论是选择展览主题还是策划展示设计，都要看能否吸引游客，唤起他们的兴趣，这也表现为管理者的一种自以为是。各种新奇的展示技术手段虽然能够对游客进行吸引，但对其过分应用，其实也是在游客参观游览过程中进行了主观化的操控与干预。

第三，博物馆展示所呈现出的"舞台化的真实"正使其渐渐趋向于这种认知，即参观者没有充足的知识与能力，所以不能理解展品所具有的文化内涵、历史价值，并且参观者也缺乏时间与耐心，他们参观游览博物馆，只希望得到直接而富有动感的体验。受此影响，博物馆旅游愈发以"与旅游者建立联系"为目标，其致力于通过任何可能方式、采取各种互动行为对彼此之间的连接进行搭建。然而，实际上，上述互动往往是博物馆单方面提出并加以实施的。

这些问题和现象的出现对于博物馆的公共文化空间定位提出了许多的质疑，但是，与博物馆的历史发展进程相类似，这些变化可以被看作是博物馆在接轨现代城市与社会发展过程中所经历的阵痛，而博物馆的旅游大众化仍旧是不可阻挡的发展趋势，其中，旅游开发扮演着重要的角色，并将对博物馆发展产生具有变革意义的作用。

第二节 现代博物馆的互动与表演空间

表演空间的"表演性"近年来成为许多博物馆研究者热议的话题，这是一种哲学概念，与单纯关注表演形式是不同的，"表演性"存在于建筑语言中。譬如，表演的概念在建筑中引起了人们的关注，它所强调的是空间、身体、时间之间的关系与对话。从这几点来说，它的确与表演，特别是与现代表演理论存在着极大的共性。

现代博物馆的设计为强调与观众之间的互动性，提出"表演空间"的理念，这一概念是现代展陈设计中的"观众体验"的延伸。观众在博物馆内不仅是种"叙事"，更是一种"表演"。就像舞台剧打破传统的表演方式，增加了与观众的互动。

这一转变的关键是邀请人们的参与,但它决不应带有任何强制性,而是以新颖的手法吸引人们的自觉参与其中。表演空间的设计是对传统的静态展陈空间的挑战,德国 Atelier Bruckner 公司设计的法兰克福 IAA 车展就是一个有趣的试验,它将戏剧表演的元素加入展出中来。再进入正式展厅前,观众要首先通过一个充满运动与激情的巨大空间,这也是一个精致的杂技表演场地与正式展厅并置的景观,他们的行进路线上布满了兴奋与惊喜,参与感得到了极大的释放。

"表演性"关注参观者的身体感受与展览之间的互动性,强调参观者自身与展品之间的沟通,而不是单纯观赏。展陈设计理念由此超越了符号学研究,转向更多维的设计理论。表演空间具有一种在展示艺术中发挥更大互动功能的巨大潜力,在参观的过程中,展览内容与个人感受间的交流是在参观者身体及其在整个空间的运动中完成的,因此,观展体验也可被视为一次移动的身体与某一事件在某一特定空间里的偶遇。

"表演空间"是一种以参观者为中心的设计理念并特别强调观众的体验感受,它的设计重点不再是视觉观赏而是聚焦于观众的行为与运动,参观者在"表演空间"中被引导或邀请参与活动。表演空间的设计特点是将参观者融入一个特定的环境或是一个特殊的展陈装置,并使两者通过互动达到信息传输的目的。这是一种新的交流语汇,如我们在现代展陈中常见的沉浸式显示屏,信息墙或数字模拟环境等。

这种设计探索可能会使我们立即联想到可能最适合儿童博物馆项目,譬如 Imagination 公司设计的英国哈利法克斯的儿童博物馆(通过参与让孩子们了解全球环境问题),卡森曼公司设计的伦敦科学博物馆(许多特殊的学习装置极受欢迎)等。这些典型项目的成功经验在于开拓了玩耍与学习知识之间的自然互动与转换,那些设计精巧,复杂神奇的博物馆装置是实现这种交互的关键,这些装置巧妙地邀请孩子们(也包括成年人)以有趣的方式移动与互动,同时获取有关科学原理的知识,充满动感的空间与富于表现力的音像背景始终陪伴着这种愉悦的学习快感。

表演空间的一切设施不再受限,并不依赖于单一的技术表达,任何对展览有帮助的手段都可以运用其中。可以是简单的互动性游戏,也可以是通过高科技手段进行展示。这些设施的共同特征就是能够将展览的内容结合,通过独特的方式将参与者融入其中,在互动中接受与思考展览所传达的内容。

越来越多的博物馆和机构开始设置交互性的体验装置,增强博物馆和观众之间的沟通，增设互动性装置是现代博物馆设计的发展潮流。各种体验与互动装置的内容创意与设计体现也越来越受到设计团队的重视而且已经成为客户的普遍要求。总之，那些邀请人们参与体验与互动的项目将成为未来展陈设计中基础创意的重要组成部分。

一、尤里卡——哈利法克斯儿童博物馆

"我们的地球花园"是一个坐落于英国哈利法克斯的永久性博物馆，这是一个在"尤里卡"（希腊语 Eureka 意为"找到答案啦"，也是一部著名儿童系列片的名字）的环境中进行探索学习的展览馆，由 Imagination 公司设计。尤里卡博物馆是一个充满童趣与想象力的空间，儿童在此观赏游玩的同时还会受到关于环境保护的教育，并且教育方向也与国家的教育大纲相联系。分别涉及人类与自然的相互依存、公民意识、公民身份、社会管理、需求与权利、多样性、可持续发展与发展的不确定性等重要议题。

这些环境主题充分考虑到不同年龄组的接受能力，由一种非常简明的可视化语言连接。这个展览还包含了一系列其他有趣的元素作为知识的载体，以帮助孩子们探索他们自身以外的世界（图 2-2-1）。

图 2-2-1　哈利法克斯儿童博物馆展示 1

这个建筑外观看起来为三角形，分为两层，里面有六个主题花园，一楼是孩子们最熟悉的城市花园，花园外墙还摆放着可观赏可游戏的艺术装置。其周围的环境被布置成传统风格的后花园。同样位于一楼的丛林花园和海洋花园，对于孩子们来说则似乎有点陌生，但在与这些陌生环境的接触中，新奇的地貌让他们感

受到环境的多种样貌。

二楼空间的展陈方式与一楼基本相同。参观者首先进入的也是他们较为熟悉的环境——一座乡间花园，紧接着，与此空间产生对比的是一座冰雪园和一座沙漠园。三座花园中的所有互动装置都极为成功，在博物馆游玩的孩子们穿梭在不同的展馆时，感受到了不同环境变化的乐趣，即使只有六个主题花园，但是每个花园带给孩子们的新鲜感，都让孩子们流连忘返（图 2-2-2）。

图 2-2-2　哈利法克斯儿童博物馆展示 2

游览完毕六个主题花园后，会来到第七个主题空间，这是一个带给人们思考的空间，孩儿们经过六个主题花园的参观浏览后，可以将一天的感受记录下来，这个空间便是留给大人与小孩思考的空间。

所有互动装置和环境背景的风格处理都参考了孩子们所喜爱的经典儿童书籍和画册，这些经典被几代人所熟知，借助于这些熟悉的语言和形象，在不同年龄段之间架起沟通的桥梁。每个花园的设计都选择了一组代表形象和特定的色调，比如，沙漠园里起伏的沙丘和太阳采用的是温暖的橘黄色。所有形象都显得生动多样，屏幕采取冰柱的形式，孩子们还可以将大块透明的冰块放在一起，搭建一座因纽特人居住的冰屋。

每个装置都会随着参与者的操作技能的提高而提升操作难度，每个园区都具有独特的投影并配以环境音效。海洋馆的地面是滚动的波浪，冰雪园的地面则覆盖着一片片的雪花。同时，孩子们还被告知尽管雪花看起来是一样的，但其实每一片雪花的图案都是不同的。这时他们会从一堆"雪花"中挑选出自己最喜爱的雪花图案放到眼前仔细观赏（图 2-2-3）。

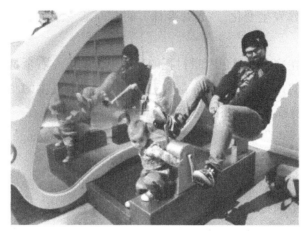

图 2-2-3　哈利法克斯儿童博物馆展示 3

正是各种各样设计独特的互动活动，使孩子们在亲历的体验中逐渐认识自然。在这里"动"是关键，当孩子们搬动撬板，使劲摩擦或拉开一个抽屉的时候，就是他们发现新的秘密、增长知识的时刻。

博物馆增强体验感的设计运用了丰富的色彩，夸张的艺术表达，从视觉上刺激观众留下印象，同时还会运用身体摆出各种夸张的动作进行配合，调动身体各个感官参与其中，对自然的认识更加生动活跃。这个具有丰富想象力特征，充满了参与和体验的展览中没有过于严肃的内容，也没有科学儿童博物馆中教学式的主观灌输，而是以提出种种有趣的问题，进而引导参观者去观察，去体验，去发现。

二、参与、互动的科学展示中心——布里斯托科学中心

"探索布里斯托"是一个由穹幕影院、"探索"与"野外散步"三个部分组成的科学展示中心，各部分都很重视与观众的互动性、体验性。它由 range 电信公司（展览主要赞助商与当地支柱产业）特邀 Imagination 展览公司进行设计与实施。策划团队包括了研究人员、程序员、未来学家等。设计团队根据他们的要求，旨在提出一个面对 4~16 岁青少年观众的、充满想象与活力、能够调动他们所有感官参与的新型展览方案。

Imagination 展览公司在普通的展厅里设计了一个不普通的"光纤森林"，密集的光纤上部被固定在铁架上，下部不固定并保持松弛状态。孩子们被邀请在光林中嬉戏，他们可以随意地拉扯，甩动光缆，这时光缆的发光强度甚至色彩会随

着他们不同的动作发生变化。"光纤森林"的上方是一面镜子，地面也使用了抛光材料。

孩子们置身在这个被黑色背景衬托的环境里，上下左右全是光的世界，他们亲眼看到，自己的每一个肢体动作都会引起周围色彩和亮度的变化。这个装置成功地创造了一个身临其境、将感官（视觉与动作）与环境连在一起的互动空间。

这个"想象空间"以"橙色故事"开始，它讲述了 Orange 公司的发展史并通过一系列动画介绍了通信技术与人们日常生活之间的联系。紧接着的主要展出内容是三组设计独特的互动装置，通过与这些装置的互动，参观者将亲身体验到三种通信技术的不同特点：第一个是"说出你的名字"，孩子们与定向话筒互动，但反馈回来的回声却带有各种可笑的腔调，这个装置以充满了幽默感的特点激发了孩子们的兴致和参与感。第二个就是光纤装置"追逐彩虹"，孩子们在"光纤森林"中嬉戏时通过身体与光纤的接触程度，使光纤的色彩由白色变成橘色，形成彩虹一样的效果，通过触摸敏感光纤，体会电能与光能之间的转化，以及任何一个动作都可以是自己所处环境产生变化的道理。第三个是"给我们讲个笑话"，是一个关于语音识别的装置，通过技术对每个孩子的声音进行识别并巧妙地结合了英式的幽默风格。

每个装置都有其特点，让儿童青少年参与感十足，在游戏互动中感受到博物馆的乐趣，并且沉溺在其中。装置的设置深入浅出，将复杂的过程简单化，儿童通过手脑的配合，最大程度上参与游戏，体验展览所表达的教育意义。设计的关键是抓住身体运动与装置间的互动，对"动态设计"的开发也是由"体验空间"的设计向"表演空间"的设计过渡的节点（图 2-2-4）。

图 2-2-4　布里斯托科学中心展示图

三、纽约自然科学博物馆

　　纽约博物馆的海登天文馆再版提升后将原来的天象厅变成了一个新型的公共学习环境——地球和太空中心。该馆内的宇宙大厅按顺序将行星与地球厅、生物厅以及脊椎动物进化馆等连在一起，全部由 RAA 展览设计公司设计。翔实的展陈信息与丰富的建筑元素配合得天衣无缝，这是一个受到多方好评的展览空间。

　　自然科学博物馆内，最为夺目的装置是一个巨大的白色球体，其设计者是建筑师博舍克与施利曼，白色球体在透明的方形建筑内，由钢结构支撑，放置于大厅中央，仿佛置身于宇宙世界中。一台"蔡司"超级电脑投影机可以再现出复杂的虚拟现实。

　　为满足不同层次参观者，设计团队动用了所有可以想到的展陈手段，从学术策划、多媒体、实时互动图像、动力模型到先进的数字设计等，把科学家的声音通过展览翻译成可视的字幕并加以放大。将天体物理学、天文学和地球科学等多种深奥的科学以简单明了的语言介绍给广大的观众，尤其是青少年。

　　大厅内的展陈内容主要聚焦于四个方面：宇宙演变、星系、恒星与行星。其内，一楼充满了活力，设计者营造了一个让参观者可以多种方式参与的学习环境。据设计者的描述：这是个像公园一样的自由空间，里面排满了多媒体触摸屏、艺术品、动力模型等装置。小型影院和互动媒体伴以背景音乐，叙述解说或是特殊声效，这一切都是为了将最新的人类科学知识与数据提供给参观者们。

　　60 个独立的多媒体视频模块沿着天文馆的太空剧院的视频墙呈曲线排列，这种排列布局需要参观者如同星星绕轨道运行一样向前移动观看。特别使大家感兴趣的还有 4 个大型落地式"镜头"，来自下方的数字影像投射到上面，4 个镜头分别展示了超新星的诞生、太阳表面的活动、太空的全息影像以及银河与外星系的投影。

　　展览的设计者们在展品的大小视觉观感上也做足了文章，通过展品的大小排列顺序，力图达到一个完美的视觉效果，譬如总长 120 米的螺旋轨道及其围绕的27 米直径的球体与悬挂在空中的众行星间的比例恰如太阳系各星球大小比例。在宇宙的时间表述上，玻璃栏杆的每一段代表着 7500 万年，相比之下，一根头发丝的宽度（直径）则代表了人生的长短。

　　在地球厅里陈列了许多巨大的岩石标本，通过视频的讲述，让人们了解到我们的地球诞生至今日仍处在不停变化之中，一直在进行着地理的变迁与更迭。一块取自太平洋深处的一座新隆起的火山硫化物标本为参观者提供了有力的证据。对地球科学家的视频采访与高清数字地貌模型加强了展览的即时性。由音频设备所发出的来自地球内部的声音与来自火山、冰川和沙漠中地震检波器的声波都在时时提醒着人们：我们的地球是一个具有生命的星球。

在大厅的中心是一座圆形开放式小剧场，参观者们坐在这里可以从太空的角度看地球，它首次采用了一种最新研制的高清半球投影系统，将最新的卫星图像结合电脑制作的数字模型演示，缓慢地剥开徐徐转动着的地球上的云层、植被和大洋，直至钻入地壳深处向观众揭示地球的秘密。

曾在一万三千年前击中地球的威拉米特陨石庄重地陈列在大厅的醒目处，是少数几件珍贵的天文学标本之一。参观者通过电脑查询可以了解到这个来自天外之物的元素构成。展厅的设计特别强调动感，参观路线的流动模式、互动装置的组合与排列复杂精细，动感十足。景观的整体设计源于一个流动，永恒的理念，充满创意的设计运用隐喻的手法，使视觉观感充满享受，展品的表达流畅大气，游览者仿佛置身其中，感受科学带来的神秘氛围。

图 2-2-5　地球与太空中心，纽约自然科学博物馆

如图 2-2-5 所示，纽约博物馆中的海登天文馆再版提升后将原来的天象厅变成了一个新型的公共学习环境。

图 2-2-6 地球与太空中心，纽约自然科学博物馆

如图 2-2-6 所示，建筑师博舍克与施利曼在透明的方形建筑内设计了一个巨大的白色球体，它由钢结构穿过球体作为支撑，显赫地悬在宇宙大厅当中。

四、美国圣路易斯博物馆

圣路易斯博物馆的主要观众是十来岁的儿童青少年，其艺术风格相比同类博物馆中更加夸张，色彩明艳丰富，参观者游览其中可以随时感受到游玩的乐趣，仿佛在游乐园不断探索，寻找新知，数量众多的参与项目让年轻人不仅在运动中学到知识，而且他们自身的挑战行为也在不知不觉中成为其他人的观赏对象，自己既是观众也是表演者（图 2-2-7、图 2-2-8）。

图 2-2-7 圣路易斯城市博物馆局部展示 1

图 2-2-8　圣路易斯城市博物馆局部展示 2

五、伦敦自然科学博物馆能源馆

在博物馆的教育警示功能下，产生了一些特定的博物馆，伦敦自然科学中的能源馆就是其中一个，能源是支撑我们生活的动力，保护能源是每个人的社会责任。由卡森曼公司主持设计的伦敦自然科学博物馆中能源厅的策展主题就是要唤醒人们对能源这一世界性话题的关注。那些关于能源问题的不同观点与辩论醒目地写在展墙上，以简洁的语言明确揭示了展览的主题。围绕这个主题与展览框架，设计者并没有使用大量的科学数据与科普式的灌输，而是通过运用许多富于创造力与想象、活泼而寓教于乐的互动装置将展览需要表达的思想和信息输送给不同年龄段的参观者。

这个展览还展出了 11 位艺术家的作品，包括装置雕塑与多媒体装置等，展陈设计团队需要将这些丰富多彩的个人作品有机地融为展陈内容的一部分，使展览空间成为一个连贯的整体。在最初的设计阶段，团队还确立了另一个设计原则，这就是突出两翼空间的不同风格，这样会使观众通过中央大厅时感受到强烈的对比效果，同时让中央展厅成为展览的高潮。

悬挂在大厅中央的是一个 13 米高的巨大钢环，钢环的内侧是一圈总长度约40 米的 LED 光带，它形象而有力地点明了展览的主题——能源是人类科学关注的核心问题。由于钢环位于贯穿整座建筑的三层空间，无论从展厅的哪一个角度都能看到它的存在。

这个巨大钢环实际上是一个巨大的互动装置，用来反馈与展示观众的思考结果与答案。这个吊在空中的庞然大物连接着三楼展厅的 4 个终端触摸屏，互动者根据提问选择自己的答案，根据不同的结果，在终端输入信息可能会触发光环突然发光，或引发强度与光色的变化，同时答案也会在光环上出现，供所有人围观。

艺术家创造出的装置互动性是本次展览的一大特色，让许多观众反复参与观看，这些艺术品不仅可以静静地欣赏，观众还可以进行实际操作，不同作品有不同的互动方式，体验互动都有十分有趣，视觉上也收获了满足，游玩中学习到知识。例如在"能源的利用"这一互动项目中，参与者要回答哪些能源代表着未来的发展方向。他们的脚下是一块块压力屏幕（相当于地面触摸屏），代表不同能源的符号在屏幕中飘动，这时参与者需要不停地移动脚步去踩中那些他们认为正确的答案。就像一场精力充沛的舞蹈比赛，每一位参加者在"舞蹈"结束后也都会根据自己的表现得到或高或低的分数。

"能源无处不在"这一互动项目要表达的是"自然环境中的能量循环"这一主题。与"能源的利用"一样，它也是借助参与者的各种舞蹈与肢体运动来触发显示系统。参与者站在一块特殊的地板上（称为能量平方），当他拍手时，在屏幕上就会出现雷电，挥动手臂就会引来一阵大风，弯下腰做挖掘动作就会出现被困在地球表面以下的图形。整个展览没有冗长的文字解读，简洁易读的语言加上活泼的肢体参与和富有戏剧性的舞蹈表演让参观者沉浸其中。更有意义的是，每一位互动参与者在众人的围观下也在不知不觉中成为表演者。

"禁止触摸"是一个体验项目，这个标题引起了参观者的好奇心与逆反心理。结果，伴随着"嗞嗞"的声音，一股微弱的电流通过身体，让那些大胆者尝到了一次小电击的滋味（图 2-2-9、图 2-2-10、图 2-2-11）。

图 2-2-9　伦敦自然科学博物馆能源馆：能源馆的策展主题就是要唤醒人们对能源这一世界性话题的关注

图 2-2-10　伦敦自然科学博物馆能源展示图

图 2-2-11　伦敦自然科学博物馆能源馆 13 米高的钢环装置

六、盐城湖三星电子科技馆

盐湖城 2002 年冬季奥运会的全球合作伙伴是全球具有影响力的三星电子，公司特邀 Imagination 公司通过主题馆的设计来突出三星的国际领跑者形象并迎合市场对品牌的新挑战。涉及的主题被定为"生活向你发出邀请",而对设计方案的具体要求则是:打造一个与其他竞争对手完全不同的沉浸式环境,通过声音和视像与访问者建立情感联系。

这次奥运会的展览场地十分特殊——展厅全部为帐篷式建筑结构,它需要让人们在这个特殊的空间里看到三星品牌的标志性形象。在展示三星产品的同时,吸引公众和媒体的关注,展示三星卓越的创新技术。为此,Imagination 团队将他们的设计理念定位为——让参观者向世界讲述他们所亲身感受到的奥运体验。

三星奥运场馆分两层,面积1160平方米。这个展厅将向世界同步发出文字与图像信息,与世界分享这些亲历者在奥运会与展馆中的体验。手持三星手机、数码相机的工作人员向新闻记者一样对观众进行现场采访,鼓励他们分享自己的参观与互动体验,现场画面都即时出现在呈曲面形状的大投影屏幕上。

展馆外形的设计灵感来自富有冬季特征的羽绒夹克,那看似蓬松的一道道横条与充气帐篷形成有趣的重叠,作为投影屏幕的外墙不断变化,显示出一种永不停歇的活力。这一场馆成为最受运动员和参观者们喜爱的场所,他们将这里视为欢乐的载体,表达他们对于比赛的兴奋,并将这种兴奋通过三星所提供的场地和设备传达给遍布世界的朋友。

展览将科技与三星手机完美融合在一起,既体现出科技主题,还将三星手机通过艺术的方式展示出来。大量三星手机倒置下来,如雪花般闪亮,游览者可以通过这些手机向世界各地的亲朋好友打电话问候。而在另一片区域,他们使用虚拟装置玩"打雪仗"的游戏或在布满大小屏幕的网吧区通过三星设备上网及查询所有赛事的信息。馆中所展出的所有三星展品都悬挂在空中,像珠宝展示一样精致地放在球形的透明体中,如多彩的露珠或雪花。参观者可以随意触摸和把玩这些展品,展品自身跳动的色彩在装饰着各种奥运标记的立柱与中性偏冷的背景色调的衬托下完全融合为一个生机勃勃的世界。

在这个充满人气的人造景观中,三星品牌通过与使用者的互动成功地将自己的形象与国际体育精神融为一体。不可否认,展馆成功的核心在于参观者的积极参与,三星的潜在消费者在了解产品功能的过程中,其参与几乎是在无意中进行的,他们将个人的经历和体验通过这个特定空间与装置传达出去,因此这种参与也成为展览的组成部分(图 2-2-12)。

图 2-2-12　盐湖城冬奥会三星电子科技馆

第三节　现代博物馆的体验与模拟空间

　　现代博物馆的设计不再局限于传统的展品陈列，而是致力于空间创作，在特定空间中与观众进行深入的沟通。这个空间不一定是真实存在的，而是通过许多高科技手段，模拟出特定情境，调动公众的感官，使其身临其境。这种"人工造景"为观众迅速地投入情感创造出先决条件。根据心理学的说法，环境的暗示可以使观众瞬间进入规定情境，融入预先设定好的情绪氛围，这无疑能够大大提升观众体验的效果。

　　体验空间的营造大体分为两种：实景搭建与虚拟现实。前者主要为传统的景观场景设计，如美国第一次世界大战博物馆展厅的罂粟麦田、大都会博物馆的埃及馆等。关于场景设计在本书的第九章中还会专门提及，在此暂略。

　　下面将主要聚焦于博物馆设计中虚拟空间的营造，尤其是不同时期的技术发明如何推动这一领域不断发展的大致脉络。

　　长久以来，模拟现实与幻觉显示在博物馆展陈中其实并不是什么新鲜事，其中包括 19 世纪就已经发明的西洋镜和光影成像技术。这些流行的娱乐性光学实验为人们提供了一种替代现实，观众所看到的无非是通过画面、镜头与光效结合所呈现的新幻觉。今天的博物馆体验要求日益精密的设备，包括影视与网络游戏等最新流行技术，这些正在为观众带来更为身临其境的震撼。当博物馆使用了越来越多的音乐与电影等艺术语言的时候，传统博物馆的参观体验便由理性的知识传播逐步转化为情感事件。

现代博物馆的发展与计算机技术的发展联系愈加紧密，近几十年中，博物馆的设计与布景，计算机的应用普及程度越来越高。互联网的发展使博物馆得以进一步扩大自己的影响，通过自己的网站将观众的数量成倍扩大。近年来，除了数字技术的对内查询与对外传播的功能外，在整个博物展陈领域对于如何利用数字技术增强观展体验、还原真实环境、创造虚拟现实等方面进行了大量的探索与创新，寻找更多的与观众沟通的新方式。

今天的博物馆体验得益于计算机领域模拟技术的发展，尤其是人们经常听到的三个相关的领域：虚拟现实（VR）、增强现实（AR）和混合现实（MR）（图2-3-1）。

图 2-3-1　人们经常听到的三个相关领域：虚拟现实（VR）、增强现实（AR）和混合现实（MR）

VR：Virtual Reality，虚拟现实是指利用计算机技术模拟产生一个为用户提供视觉、听觉、触觉等感官模拟的三度空间虚拟世界，用户借助特殊的输入或者输出设备（如眼镜，头盔等），与虚拟世界进行自然的交互。用户进行位置移动时，电脑可以通过运算，将精确的三维世界视频传回产生临场感，令用户及时、无限制地观察该空间内的事物，如身临其境一般。

AR：Augmented Reality，增强现实是一种实时计算摄影机影像位置及角度，并辅以相应图像的技术。这种技术可以通过全息投影，在镜片的显示屏幕中将虚拟世界与现实世界叠加，操作者可以通过设备互动。硬件代表作是大名鼎鼎的Google Glass。游戏代表作是《精灵宝可梦 G0》，这款游戏曾经风靡全球。

MR：Mix Reality，混合现实指的是结合真实和虚拟世界创造了新的环境和可视化三维世界，物理实体和数字对象共存、并实时相互作用，以用来模拟真实物体，是虚拟现实技术的进一步发展。硬件代表作是 Hololens 和 Magic Leap，游戏代表作是《超次元 MR》（图 2-3-2）。

图 2-3-2　MR 技术：真假难辨的混合现实（MR）技术

VR、AR 和 MR 三者的从属关系是这样的：MR 包含 VR 与 AR，AR 包括 VR，VR 是集合中最小的单位。简单地说，VR 看到的图像全是计算机模拟出来的，都是虚假的，因此利用 VR 技术可以凭空臆造出一个形象逼真的空间；AR 是将虚拟信息叠加在真实环境中，来增强真实环境，因此看到的图像是半真半假，例如自动识别人脸，在真实的人脸图像上叠加文字或动态贴图，从而提供生动的相关信息；MR 是将真实世界和虚拟世界混合在一起，可以说它呈现的图像令人真假难辨 MR 比较像是 VR 和 AR 的组合，可以在现实的场景中显示立体感十足的虚拟图像，而且还能通过双手和虚拟图像进行交互（图 2-3-3）。

图 2-3-3　在英格兰一座古城堡中的 AR 辅助导览

图 2-3-4　VR 技术：虚拟现实（VR）

如图 2-3-4 所示，VR 是指利用计算机技术模拟产生一个为用户提供视觉、听觉、触觉等感官模拟的三度空间虚拟世界。

一句话总结就是 VR 是全虚的，AR 是半真半假，MR 是真假难辨（图 2-3-5、图 2-3-6）。

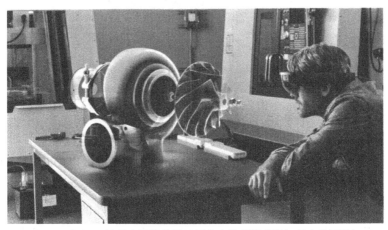

图 2-3-5　AR 技术在眼镜的显示屏幕中将虚拟世界与现实世界叠加

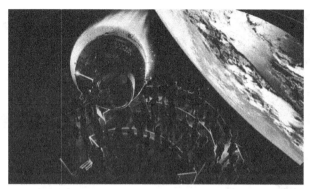

如图 2-3-6　佛罗里达科学博物馆增强现实（AR），是一种实时计算摄影机影像位置及角度，
并辅以相应图像的技术

图 2-3-7　华盛顿自然博物馆

　　如图 2-3-7 所示，借助 AR 技术讲述了许多动物在历史长河中遭遇灭绝的故事，呼吁人类采取行动，保护生态环境，增加动物保护区以防止进一步的物种灭绝。

　　这一领域经过 30 年的不断探索，至今成为相对成熟的技术，运用范围更加广泛，成本价值也在缩小。3D 图形的质量多年前就已经满足需要，头戴式显示器、六自由度头手位置和朝向跟踪系统也进入实际应用。此外，虚拟环境应用和相应的用户交互方法也都已经开发出来。头戴式显示器和所需的跟踪系统也已浮出地平线，这些技术及其在博物馆与展览行业的应用随时可能出现新的突破。

　　尽管不时会遇到来自传统博物馆文化的阻力，但这些新技术已逐渐成为展览经历的一部分，它们提供了一个与新一代观众互动的机会，并与他们进行全方位的沟通。未来的模拟现实在展陈艺术中的发挥并不仅仅取决于技术的发展，而且取决于设计者的创意。

下面介绍几个相关设计案例。

一、气候主题——伦敦泰德现代艺术馆

伦敦泰德现代艺术馆是许多艺术家向往的艺术天堂，其中涡轮大厅更是让人难忘，神之向往。艺术的发展，让更多人关注到艺术空间的设计展示。艺术空间是艺术家创作外的延伸，是创作成果的展示空间，艺术家不断寻找新的挑战，艺术馆的空间中自由创作。它的空旷、简约与在当代艺术中的显赫地位使这一场所成为当代艺术最重要的殿堂之一，它所推出的作品大都具有引领当代艺术方向的意义。

奥勒夫·埃利亚松"气候主题"装置展虽不属于传统意义上的展览设计，但这个艺术装置与展览空间的无缝对接、它的空间体验与氛围的营造等均为展陈与博物馆空间的设计提供了有益的借鉴。

与许多现代艺术装置相比，"气候主题"以其营造的非凡视觉印象引起人们极大的兴趣，它将泰德涡轮大厅这一室内空间通过视觉处理，音响，人们的动作、手势以及一些有趣的行为艺术等转化为一个类似广场的公共空间，成为伦敦街景的一部分。

"气候主题"是一个以天气与气候为主题系列的第四号作品，创作者埃利亚松表示，他的创作意图是通过特定的装置与行为艺术表达对天气的关注、体验、调节并提出解决方案。在大厅的一端，他安装了一个巨大的半透明光盘，光盘背后由数百个单频灯组成一个发光体，黄色和黑色是整个大厅中的唯一色调。大厅的天花板下悬挂着由数百个小镜子组成的镜面反射体，每面小镜子的角度稍有不同，因而会产生一些模糊的虚边效果，看上去类似光与热浪造成的视觉效果。

烟机使大厅中布满了一层淡淡的迷雾，似乎是从隔壁的泰晤士河上升腾的水汽。同时，这迷雾也将人工造出的景物（太阳、天空等）自然地融为一体。参观者在梦幻般的场景中放松下来，在地板上随意地或坐或躺，或独自或与朋友相伴，他们仿佛在与自然对话、思考，或仰头在头顶的镜子中寻找自己那变了形的影像。为了在镜中模糊的人影中找到自己，人们不得不刻意地做出许多动作，如摇头、挥手，或几个人拥抱在一起，无意间他们变成了表演者，大厅变成了舞台。模拟环境技术瞬间改变了空旷的展厅，前一秒的安静瞬间消失，空间中都是人类忙碌的身影，如此快速的变化，给了观赏者巨大的震撼与反思，在观赏艺术的同时思考了相关的哲学命题（图 2-3-8）。

图 2-3-8　泰德现代艺术馆：奥勒夫·埃利亚松"气候主题"

二、流动博物馆：月球博物馆

月球博物馆是由英国艺术家卢克·杰拉姆根据航天局公布的月球表面图像创作的装置作品，这个作品曾经在世界各大知名博物馆中都进行过巡回展览。根据月球公布的相关数据以大约 1∶500000 的比例制作了一个直径 7 米的月球，球体表面的每一厘米相当于真实月球表面的 5000 米长度的天文实体表面。这个月球为内发光的雕塑装置，非常详细地将 NASA 的精彩图像以三维的立体形式呈现在人们眼前，极具视觉震撼力。"月球博物馆"目前已在英国和欧洲的几个城市进行了巡展，并计划在未来几年中能去更多的城市举办展览。此巡展还创建了专门的网站，除了宣传报道作用外也用以收集观众的各种信息反馈以及各种文化中有关月球的故事、神话与传说（图 2-3-9）。

图 2-3-9　"月球博物馆"巴斯游泳池

"月球博物馆"展览的展现体现出视觉与听觉的完美融合，视觉上的震撼加上作曲家丹·琼斯悠扬的乐曲，使整个展览让人眼前一亮。这个巡回展览的场地没有统一要求，有时在室内举行，有时也在室外举行，有时还会成为世界各地的音乐节或灯光秀的特邀节目。

杰拉姆希望这个作品能够开启关于月球在整个历史中的文化和社会影响的讨论。月球很久以来就被人类用作计时器，日历以及夜间导航的辅助工具。许多艺术家、诗人、科学家、作家和音乐家都将月亮作为灵感和探索的源泉，每一种宗教与文化也都与月亮有着千丝万缕的关系，"月球博物馆"也一定会促使观众对世界不同的文化进行更多的比较与思考（图 2-3-10）。

图 2-3-10　"月球博物馆"莱斯特大教堂

三、朗讯公司展览中心剧院

朗讯公司的展览中心剧院不同于普通的戏剧剧院，特色十足。它利用多学科的交叉融合，不单单是舞台的呈现，还与展陈设计、工业设计等专业设计理念相融合。尽管展览展示的目的是向全球展示其新研发的产品，但是完美惊艳的设计几乎掩盖了这一商业目的，观者完全沉浸于艺术氛围中，欣赏舞台与艺术。

此展陈项目的设计者——MET 设计室在谈到他们的设计理念时说，设计的立足点在于展览的首要目的是服务理念的交流而不是简单的产品推销，重点应该是创造一种体验，首先吸引观众对展览的兴趣，激发他们想要探究这个公司及其产品的兴致，在此前提下，才有可能通过简练的视觉语言使观众对公司复杂的技术与服务有所了解。这显然是一种非常规的设计思路，它开创了一条品牌宣传的新路径。

参观者从主入口沿着二层的玻璃走廊进入一座"电梯"，充满寓意与想象的旅程从这里开始。当"电梯"门关闭时，"电梯"内的灯光转暗，具有戏剧性的灯光效果伴随着音响特效充满了这个空间，各种奇异的电波与电磁噪音将人们包围，半暗的空间里只有一个 LED 指示灯在不停地闪动，数字在变化——暗示着电梯正在下降，直到电梯下降到最底层的"地下室"。这里是一个电器机房的世界。

随着"电梯门"的开启，人们进入机房，嗞嗞的电子噪声也随之变为机房的嗡嗡声，这是一种空调机与冷却风扇的模拟环境噪声，四面布满了大型计算机与存储设备，仪表盘上的显示灯像星空一样熠熠闪烁。这是一个高速与高容量的网络心脏地带，空间中还安放了一排控制台，以供参观者查询相关的信息。

一个直径 9 米的白色球体是这个艺术空间的中心，也是一座小型剧院，球体底部受到灯光的照射，产生一圈红边。剧场的外壳是一层等离子屏幕，显示出一个网页结构图像。在幽暗的蓝光下，这个半透明的蓝色球体生动地展示出"朗讯光纤网络"的品牌形象。

接下来走入蓝色的室内空间，空间内环绕播放的是设计者精心设计的影像资料。空间室内的地面是一层透明的玻璃地板，隔着玻璃地板，脚下呈现出一个让人尽情遨游的外太空。双层玻璃的反射效果制造出无限深远的视觉效果，令人们感到就像飘浮在空中一样。

剧场内的玻璃地板上是一个铺着深色地毯的小岛，上面设有 20 个高背座椅。观众被罩在一座半球形投影屏幕之下，演出开始前，随着入口处的闭合（像橘子瓣一样），形成完整的半球形屏幕。随着蓝光变暗与脚下星空的消失，球体内表面慢慢地被灯光照亮。

序幕放映时，地板开始旋转，在几乎转动了 180 度后，序幕淡出，球体上两片可移动的部分再次打开，三个投影屏幕从天花板通过开口处降下。正式的演示内容由此开始（图 2-3-11）。

图 2-3-11　朗讯公司展览中心剧院中的小剧场

四、英国的第一家数字媒体专业画廊：有线世界

在英格兰北部的布拉德福德，曾诞生了英国第一家利用数字媒体艺术展览的专业画廊：有线世界。这个展览也一度广受好评，此展览由 MET 艺术工作室与国家摄影与影视博物馆联合设计。

尽管这个常设展览的核心内容与数字技术有关，却并不聚焦于它的硬件方面，而是主要关注数字技术对人类日常生活各个方面的影响。设计师们避免采用复杂的展陈手段向观众详细介绍有关技术，而是通过邀请观众进入特定的生活情境，以一种有趣的方式亲身感受数字技术是如何改变着人们的社会认知与交流方式。展览的内容吸引了不同的人群，包括积极拥抱新技术的年轻人和对新生事物表示怀疑甚至感到焦虑的保守人群。

黑暗的空间背景使聚光灯照射下的所有展品似乎都漂浮于水面，所有的展板都是透明的，展架与电路布线全部裸露，所有结构在观众的眼前一目了然，设计师试图以此来反映数字概念的无形性。

这次展览的新颖之处在于它的互动性，设计者将艺术品通过展览结构一一展示出来，并且每一项艺术品都可以与观众通过游戏的方式进行互动。媒体艺术家运用数字手段使人的物理运动可以与数字技术进行十分真切的互动，这是一种观众与艺术作品间的游戏互动，这一创造为观众带来了一种前所未有的新鲜感。

在这些展示项目中，有一件日本艺术家岩井俊创作的作品——"另一个时空"，它所要表现的是信息的捕捉与处理。摄像机录下正在展厅内活动的参观者的影像并在八块屏幕上同步播放,但播放出的影像却是经过八种不同变形(或特技)处理的影像,严肃的教学内容就这样以一种诙谐的"哈哈镜"方式传达给观众,使他们在笑声中得到相关的知识。

另一个特别受欢迎的艺术品是"信息的梦境",由居住在柏林的英国艺术家保罗·塞蒙创作。它的内容很有喜感——检查视频会议中的出席与缺席的人员。现场摆放了两张床,中间有屏幕隔开并与数字终端连接。一个真人躺在第一张床上,而他的影像会同时出现在第二张床上。有时,两张床上各躺一人,而躺在身边的则分别是这两个人的影像。真人与事先录制的影像的混合具有特别强烈的梦境感。

这些利用数字技术手段创作出的展览,让观众有了前所未有的体验,观众置身于数字艺术空间中,积极参与互动,有趣的游戏互动使其完全沉浸其中,不仅对艺术作品有了深刻的理解,同时还对数字技术的发展充满信心。

这有趣的通透空间与观众的流动融为一体,数字模拟影像不断地与现实交互并碰撞出欢乐的戏剧性与笑声,人们在轻松快乐的氛围中探索着神奇的数字媒体新科技。

五、纽约自然博物馆生物综合馆

纽约自然博物馆生物综合馆藏品多种多样,既有生物标本,也有一些展示牌用来讲述生物在历史中的更迭、灭亡与新生。这些展览通过讲述动物所遭受的一些磨难来唤起大众的环保意识,保护动物的生存环境,保护生物多样性,减少不必要的灭亡。自然博物馆的参观者多为环保爱好者,以及相关专家学者。

在有限的展示空间里,著名的 RAA 设计团队在圆形的罗斯福大厅中将复杂的展陈内容浓缩为雄心勃勃的两个展示单元:在大厅中部再现了一片中非共和国的热带雨林和一个名为"生命之光"的长廊,在 30 余米的展线上观众看到的是各种动物与植物的标本。除此二元素外,还有一个为参观者提供互动活动与深入学习的信息资料中心。

位于显著位置的雨林景观是传统博物馆中"西洋镜"景观的升级版。这是RAA 所创作出的一件引人入胜的精品,透过几十棵用硅胶翻模做出的茂密树木,观众看到的是由隐藏的投影机投射在背景幕上的高分辨率影像,隐隐约约还可以见到动物的身影,加上特殊制作合成的声音甚至气味。多媒体完美结合所呈现的幻觉为观众模拟出一个具有空间纵深感的幻觉世界。

图 2-3-12　纽约自然博物馆中雨林景观

如图 2-3-12 所示，雨林的照明处理极具挑战性，它要求灯光设计呈现出神秘的黎明氛围，晨光透过浓密的树冠洒进林中，同时还要确保林中陈列的所有标本的照明指数都要达到理想的照度以便观赏。设计师们对此进行了周密的策划，他们使用泛光灯具（如不易产生光影的管状灯具）实现日光的漫射效果并作为基本照明手段，用聚光灯与特殊造型灯对光影等进行局部刻画。此外，还设计安装了一个空气处理系统，用以制造出植物和动物的特殊气味。

地球上九大动物栖息地的内容缩小在 18 米长的"栖息地"长廊中进行展览，展览信息除了相关的生物种类还有与其产生矛盾的各种不稳定因素，包括自然的气候威胁以及人类对生物的伤害。游客在参观中还会依次了解到雨林的原始状态、被自然力所改变后的状态，以及因人类的干预而产生的退化。

"生命之光"长廊与"栖息地"形成强烈反差，内容活跃并充满光明。玻璃墙上陈列了上千种不同风格的标本，从正规的由动物遗体剥制的标本到玻璃工艺模型。玻璃展墙采用内发光照明为标本提供了一个通透的背景，而投射在标本上的来自正面的新型管状泛光照明使整个 30 米的长廊显得风格简洁，使众多数量的标本看起来就像珠宝店中一件件陈放精美的珍宝。十个交互式电脑站为游客提供进一步深入了解生态与动植物生命谱的服务。

展览的资源中心是一个十分安静的空间，观众观赏至此，可以通过文字与图片，对物种的灭绝有更为深刻的认识，这是一个学习与反思的空间。在这个相对独立的空间里分别有两面展墙：一边是"演化"墙，记录了各种对大自然的威胁；

另一边的"解决方案"墙则向观众介绍了全球各种自然保护组织以及科学工作者们正在为阻止物种退化与栖息地丧失所做出的各种努力（图 2-3-13）。

图 2-3-13　迈阿密科学博物馆展示图

六、临时性展览——第二次世界大战中的斯图加特

20 世纪 80 年代有一个特殊的临时性展览，它就是——第二次世界大战中的斯图加特，这个展览记录了德国在战争中所遭受的经历，战争带给这个城市的变化。这个展览被设置在两座相邻的建筑中，中间由一个临时搭建的隧道连接，看起来就像是战时的防空洞。这样的建筑外观清晰地揭示了展览的战争主题，不同风格的建筑隐喻着不同的年代，两者间的对话，从多方位展示出那一特定时期的城市生活，战前的亢奋以及战后遭到破坏的混乱景观。

一个展览的展示单单依靠文字来展示是十分单薄的，必须与视觉展示相融合，战争的破坏使大量文物受损，因此在文字和图片展示的基础上，还需要更多维度的视觉加工，设计团队尽可能地对展览进行视觉化处理，将搜集到的少量实物与电影纪录片的片段、目击者采访录音等统统充实到陈列中，尽可能使用多样化的表达手法来避免枯燥的陈述。例如，在表现特定历史事件时，将收集到的普通居民的照片做成照片墙，在其间点缀若干生活实物，并伴随着背景音效，如希特勒或戈培尔的讲话录音，以及中间或出现的空袭警报发出的凄厉嚎叫。

鉴于历史文物的缺乏，他们找到了一些可行的替代方法——模拟重建一些局部的生活场景，将少量收集到的历史文物与复制的仿真道具掺在一起摆放，加上文字、照片、材料肌理、色调等营造出一个特定的环境氛围，以引导参观者的想象。通过将抽象（如色彩与肌理）与具象（如家具与自行车）的结合，在这样的建筑空间里创造出与之相呼应的展陈语言，隐喻出战争的悲剧，尤其是这座曾以生产汽车为主的城市的消亡。

展览展示的最终目的是希望人类对战争有所思考，不仅仅是感受战后视觉的震撼，还应对人类的生存问题进行思考。像德国戏剧家布莱希特形容的那样，设计的目的是使观众与现实保持一定距离，以使他们能够更加理性地思考，从而得出自己的判断和结论。

第四节　现代博物馆的叙事与情境空间

通常来说，在博物馆展览中，能否实现合理的展览摆放，能否让展示内容更具吸引力，关键取决于设计的结构安排。如果设计结构安排并不合理，那么展览主题就可能阐释得相当混乱，观众看完展览后并无法得到直观感受。所以，为使设计人员、策展人员更加重视设计的结构安排问题，现代展陈设计理念对其进行生动的比喻，认为设计结构安排就像"叙事"，而在讲故事时，我们就要格外注意怎样讲得清晰透彻、生动翔实。如今，在现代展陈实践中，我们已不再采用传统做法，即按年代顺序对展品进行严格分类，更倾向于采取一种灵活的叙事结构方法。一个有趣生动的好故事能够对听众产生莫大的吸引力，而采用叙事为基本架构的展陈手法也能够更为有效地实现与参观者的沟通，让展览更加抓人眼球。作为一种新模式，其已经受到大多数人的认可。

叙事空间避免了线性逻辑排列与百科全书式的结构，强调博物馆展示的结构差异与展线上的情绪节奏，营造空间创造中的情境化与多种多样的节奏和强度的把控；其结构可以按情节的需要而不是按时间顺序灵活排列，不必拘泥于严格的顺序。叙事空间的创作过程大致分为三个阶段。第一阶段，在立项后着手进行的总体战略规划及故事的框架策划。此阶段策划不仅仅局限于展览本身，可能还包括其他宣传及公关手段，如网络、印刷及举办相关策划活动等。第二阶段，展品的整理与编组，以及总体区块与空间构成。按照第一阶段所设定的叙事结构，力求在各组展品间建立对话或逻辑架构，特别是围绕主题重心规划出需要强化的叙事重点。在这一阶段中还应根据展览的空间及内容的规模对参观的运动节奏与参观时间做出大概的预估。第三阶段，设计实施阶段，对前两阶段的工作进行细化。除了每一展区的空间安排，还具体到每件展品的摆放形式。伦敦维多利亚和阿尔伯特博物馆中的"不列颠长廊"（英国卡森曼展览公司设计）的设计对丰富而杂乱的展品进行了大胆的编辑与重组。一般而言，难以三言两语解释说明的历史往事，通过一组精心设计的文物变会让观众瞬间了解事情发展的前因后果，参观者置身其中，在文物、图片与文字中与往事互动，身临其境。同时，在展览之上还融入许多新的科技手段与观众互动，大大提升了展览的互动性，增强的观众的记忆点。

本节介绍的其他设计项目，如德国布鲁克纳公司（Atelier Bruckner）设计的"泰坦尼克号"和美国RAA公司设计的"大屠杀纪念博物馆"等，都无一例外地充分运用新展陈理念，成功地将某一历史题材植入一个完整的叙事结构。这里面，"泰坦尼克号"是一个临时性的展览，展览利用戏剧的感染力，选取这艘舰上最具特点的角色，在情感上与观众产生共鸣，感受沉船之前的紧迫感。相反，令世人感到震撼的"大屠杀纪念馆"，则通过重述历史，通过原始和悲惨的历史事件，以未经过滤的真实历史片段证明了人类历史上曾经发生的暴行。博物馆展陈的叙事设计理念强调观众的亲历感。所谓的体验设计也出现在商业领域，它专注消费者的个人感受，并被视为一个重要而有效的信息传递通道。展览如何最大限度地引起潜在的消费者的注意，并牢牢地将他们吸引，使他们乐意花时间在展览中流连忘返。许多成功的经验证明了一个行之有效的手段：利用一切现成的技术手段为观众打造出一个"戏剧环境"，并通过沉浸式互动，为参观者提供一次不但能亲身感受，还能从中产生无尽想象的难忘经历。部分来自商业的压力促进了博物馆展陈理念的不断更新，品牌无条件统治消费者的日子也好景不再。代之而起的是越来越多的商业品牌在营销策略上的转向：更加灵活的宣传策略，重视消费者的参与，创建强大的空间体验，以此吸引他们并拉近与他们的情感距离。这一切已成为一种重要的商业认知，即消费者的真实体验可以强化他们对品牌的记忆。Imagination设计公司在都柏林所做的项目"吉尼斯酿造坊"率先推出了一个令人耳目一新的叙事空间，通过对品牌环境的强化，弱化甚至完全忽略品牌的销售环节，完全聚焦于树立鲜明的产品形象。利用所谓记忆经济，即：从难忘的经历中产生经济价值，这一方法已经被广泛运用于展陈设计中，同时也是一个新的商业机遇。下文则通过一些重要的案例讲述展览利用丰富的艺术语言，将历史叙事变得生动有趣。

一、美国犹太人大屠杀纪念博物馆

这座以纪念第二次世界的大战中希特勒纳粹集团对犹太人大屠杀为主题的博物馆，主要设计由美国 RAA 展览公司进行。展览设计并不是利用传统的历史叙事手法，以年为单位进行叙述。而是从文物出发，大胆运用艺术表现形式，将文物与空间相融合，通过片段展示加深主题表达，形成叙述序列将历史片段真实地向参观者讲述并通过一系列非凡的视觉形象将那种震人心魄的冲击力传递给前来参观的人群。博物馆坐落在首都华盛顿中心，这是一座三层楼的建筑，它被分成三个部分："纳粹迫害""最终解决方案"与"最后一章"。设计的目的十分明确：希望观众深刻了解历史上曾真实发生过的这一惨剧，牢记历史的教训，时刻警觉并坚决杜绝历史的重演（图 2-4-1）。

图 2-4-1　美国 RAA 公司设计的"美国犹太人大屠杀纪念博物馆"外景

博物馆精心打造的参观路线脉络清晰，通过文献、图片、图表以至于珍贵历史电影镜头与口述历史和人工艺术品结合在一起，逐步叠加积累的事实和证据，同时又避免刻意的煽情，诚实地引导观众一步步走进历史的真实。RAA 的设计者们希望强调的是，"这是一种利用现代工具实施的犯罪"，对于历史类博物馆来说，在展现历史的同时也必须强化它们的现实意义，不能因为历史远离我们而忽视它们的现代性。

展品设置十分大胆与开放，除了一些真实的历史照片、纪录片与新闻采访等展品外，为了与观众产生更为直接的联系，取消了防爆玻璃的设置，空间上的接触更加亲近。有时也会加入一些简单的触觉体验，或陈列大量的日常用品，如生活中常见的旧茶具，藏在生锈的牛奶罐中的当年的地下抵抗运动出版物等，这一切陈列细节都有助于渲染大屠杀令人难以想象的恐怖，使观众仿佛置身于历史真实之中。

整个空间的照明都十分"低调"，其环境多数都采用暗色基调，而又通过灯光照明对空间造型的雕塑感加以凸显。其有着刻意呈现的光影对比，并对这种对比进行了充分利用，宛如黑白照片一般有效地渲染、突出氛围，同时将混凝土的粗糙肌理进行生动还原。无论是砖墙、钢板、水泥等材料的精心构成，还是不规则的走廊通道，抑或是倾斜的墙面，这些都极大地增强了历史厚重感。

当参观者步入博物馆后，会先被工作人员指引，乘上一台巨大的工业电梯。而当电梯上行，抵达四楼后，内部就会开始播放音频。人们能够听到自己头顶上传来的声音，那是一个美国士兵的声音："你根本无法想象在历史上曾经真的发生过这样的事情。"紧接着，电梯门被打开，人们抬起头，就能看到布满照片的天花板，而这正是当年盟军进入难民营时所看到的场景——成堆的、腐烂的尸体。

RAA 设计师团队表示，"我们需要找到一些视觉的概念框架来表现这种震撼"。通过这些视觉概念框架，人们虽尚未看到邪恶的面貌，却已经能够意识到那滔天的罪恶。参观者将怀抱着愤懑之情，进行接下来的参观。在旅程开始时，参观者都将拿到一本小册子，约有护照大小，册子中简要地对遇害者故事进行记载。

在整个展览中，"纪念塔"属于著名景观。这是一口贯通三层楼高的竖井，人们要从顶部的廊桥进入。遇难者肖像挂满了井的四面，一道从上向下射入的灯光带给人分外肃穆的感觉。在楼底层有一个说明牌，上面写着：在立陶宛一个叫作艾吉斯可依的小村庄里，全部村民无一幸免地全部被一个纳粹的机动小分队杀害（图 2-4-2）。

图 2-4-2　美国犹太人大屠杀纪念博物馆：将遇难者运往集中营的火车

位于以色列耶路撒冷城西的赫茨尔山的大屠杀纪念馆是世界最大、最有影响力的同类博物馆。1993年以色列政府为了取代20世纪60年代建筑的旧馆决定建筑新馆，新馆的设计也同样采用了以情境烘托主题的艺术理念（图2-4-3）。

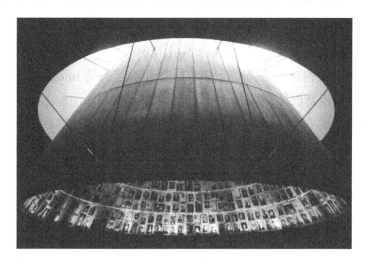

图2-4-3 造型犹如烟囱一样的艺术装置，象征死者的灵魂向天空飘散

图2-4-4 犹太人大屠杀纪念博物馆"纪念塔"

如图2-4-4所示，"纪念塔"这是贯通三层楼高的一口竖井，参观者由顶部的一道廊桥穿过，四面井壁上密密麻麻地挂满了数百幅遇难者的肖像，一道天光从井口向下射入。

二、吉尼斯啤酒博物馆

吉尼斯啤酒博物馆的建立与展览设置具有时代意义，它影响了柏林几代人的生活，在品牌营销、员工与商业等方面都做出了跨时代的典范，博物馆的经营在大众生活中有着十分重要的地位。吉尼斯啤酒是当地的支柱产业，它为当地提供了大量的工作机会，也是爱尔兰最重要的出口商品。但由于担心这个老品牌对年轻一代的影响力变得逐年下降，公司于 1998 年决定邀请 Imagination 设计公司对吉尼斯老店进行重新设计，打造一个全新品牌展示窗口。

Imagination 的设计师们与柏林当地的建筑事务所 RKD（Robinson Keefe Devane）联手工作，他们决定扩大游客中心的理念：打造一个商业中心枢纽，它将包括总部驻地、会议中心、培训基地。酒吧、画廊以及一个小型企业博物馆等公共设施。通过公众的亲身体验，树立起吉尼斯这一传统品牌的崭新形象。这里原是一座废弃的酿造厂，它建于 1904 年，是爱尔兰第一个钢架结构的六层建筑。它完美地体现了传统工业时代的厂房建筑特点，钢架结构件间的墙体由砖块堆砌而成（图 2-4-5）。新设计将这一重要建筑元素完全保留。这个结构作为空间体验的一个建筑入口处的中庭放置了一个作为吉尼斯象征的一品脱雕花酒杯，此地为六层楼垂直交通的枢纽与交会处，一直向前，进入中庭的高潮部分重力酒吧，在这里游客们可以品尝到吉尼斯享誉世界的各种啤酒与饮品。

图 2-4-5　吉尼斯啤酒博物馆，原是一座废弃的酿造厂

博物馆的一楼零售区由接待处和展览区组成。展览区是整个博物最具特色的地方，进入展览区首先向观众讲述关于亚瑟·吉尼斯与啤酒厂的创业故事，然后

便是啤酒酿造各个过程的展示。主大厅的门槛处提供了高端的弧形屏幕演示技术，在大厅入口处，参观者则停下来观看那些熟悉的品牌介绍。被装饰得如宝石般璀璨的大厅局部与整面裸露的砖石墙壁交相辉映，从这里向任何方向望去，都可以看到那套震撼的大型酿造设备，仿佛它们在大声地提醒你：这里是爱尔兰的都柏林，吉尼斯只属于这里。

展览的展示不仅生动而且十分细致，从啤酒酿造的选材到酿造完成后啤酒的销售路径，都一一做出了说明和图解。所有精致的平面展示设计与独具匠心的照明结合，都处于暗色的背景空间。投影直接应用于现有的墙壁和窗户的表面，建筑本身成为沟通的载体而不仅仅是信息呈现的面板。原始钢梁与凹凸的墙面由灯光造成漂亮的视觉效果。观众的视线和注意焦点在古典的展陈环境与现代的展示文字间不停地转换着，碰撞着（图 2-4-6）。

图 2-4-6 吉尼斯啤酒博物馆纪念品商店

陈设多为中大型装置与观众的细节互动，是整个展览的特色之一。展览主题整个置身于大的装置中，运用了许多高科技手段展示酿酒流程，尽管如此，设计师表达的重点依旧是内容而非技术，一切技术手段都为内容服务。参观者在参观过程中也被邀请触摸展品，甚至使用他们嗅觉和味觉（闻味与品尝）进行生理参与和感受。最令人惊奇的是大瀑布的设计，这是吉尼斯的品牌象征：如琼浆玉液般哗哗流淌的水声宛如人间最为美妙的音乐，为展览提供了一个强大的背景声（图 2-4-7）。

图 2-4-7　吉尼斯啤酒博物馆建筑元素展示图

在与主展区连接的环廊上空是一个三面透明的空间，影像被背投到这个大玻璃盒子上——这是 Imagination 公司的点睛之笔，它表达出一种疯狂的爱尔兰精神。与酿造部分触觉手段不同的是，"爱尔兰精神"是通过听觉来表达的。走在环廊上，参观者突然意外地被一种"和声"所包围，音乐中夹杂着各种从档案馆中录制的原始音效与爱尔兰口音的对话，配合着透明屏幕上的影像，让人强烈地感受到一股"爱尔兰风"。但与许多电影宣传片的表现手法不同的是，除了这些画面像幻灯片一样都是静态的以外，更明显的不同还在于，这组宣传影片是一种特殊的营销手段，它通过文化情感的传播，基于对爱尔兰的特殊情谊，使商人与顾客之间产生感情共鸣，到达一般营销手段所无法达到的效果。（图 2-4-8）。

图 2-4-8　吉尼斯啤酒博物馆建筑入口处

展陈形式与手段除了三维立体的复制艺术品与演示及互动装置外，投影与屏幕也被广泛使用，一些屏幕被镶嵌在酿造设备中，其他大多成为展陈结构的组成结构，和与其相连的文字或展品一同形成展示阵列（图 2-4-9）。

图 2-2-9　吉尼斯啤酒博物馆中酿造过程展示

新的技术手段在展览占据十分重要的地位，声音、图像的传递给展览带来许多特色，使人对啤酒的酿造记忆深刻。但与此相对的一些传统展示方式也给了参观者不同的震撼，例如，参观者当场制作明信片进行意见反馈。这个既有风险但又有效的公众反馈策略是总体互动方案的特色之一。参观者有权利表达出对品牌的感受，品牌体验的新媒介是人，而不是媒介本身。最后由数字证明了这个展览的成功：开业第一年吉尼斯啤酒博物馆被权威杂志评为爱尔兰旅游热点第一名。

图 2-4-10　吉尼斯啤酒博物馆灯光展示

如图 2-4-10 所示，原始钢梁与凹凸的墙面由灯光造成漂亮的视觉效果，观众的视线和注意焦点在古典的展陈环境与现代的展示文字间不停地转换着，碰撞着。

三、泰坦尼克展

泰坦尼克展是一个临时性展览，主要讲述"泰坦尼克号"邮轮中的沉没事件，展览尽可能的重构还原了当年的场景，在实物与情境中感受沉船时的氛围，从而更直接地体验这艘轮船当年的辉煌以及随后的沉没悲剧。展览还借助多种现代展陈手段将整个事件发生的过程向参观者做了清晰与形象的交代。除了真实的沉船遗物外，设计团队还特别强调复制品的制作，如场景的空间构成与排序。尽管真实的历史事件总会强调编年表中的精确时间顺序，但为了叙事与体验的目的，展览的主题结构主要根据故事结构编排，因而对线性的事件发展逻辑做了相应的调整。

展览设计的主角是五位当年沉船的亲历者，通过他们的口述，了解沉船时发生的故事。设计者并没有采用近年来人们熟知的电影片段，宣扬英雄主义，来叙述沉船所带来的情感伤害，这样的叙事手法拉近了与参观者的距离。然而，为了保持叙述的理性与避免陷入情感的旋涡，最后并没有点明他们是否成为幸存者，这反而为参观者们留下悬念，使展览的戏剧性大大增强。这样设计的目的不是要对这一悲剧进行讲解，而是要让展品自己发声，强调亲历的经验。这个展览从戏剧与电影中汲取了许多创作灵感，没有说教式的叙述，它以精细的展陈质量和创造性的景观吸引了大批观众。

展览的空间设计以一条 40 米长的走廊为贯穿通道，嵌有铆钉的粗钢板被一片蓝光笼罩，看上去既像登上轮船甲板又仿佛置身于幽幽的海底世界。从入口望去，整条蓝色走廊空无一物，洁净，深邃。展厅被安排在走廊两侧，参观者由开口进入展厅（装置），每个展厅都被冠以一个主题，依次为"欢迎登船""船上生活""沉船警报""救生"等。在走廊的尽头，参观者进入最后两个展厅。像结语或是尾声，这两个空间一个叫作"沉寂"，一个叫作"传说"。

展览场地设在具有悠久历史的汉堡港仓储区的一个大仓库内，其环境与现代化的展览形成了巨大的反差。整个展览是一个完整的登船过程，从登船开始是享受旅程的快乐，进而感受到沉船带来的悲伤，到最后对旅程的经历有所反思。"泰坦尼克号"展开的旅程通过航行的经验，从登上船只的乘客和船上的生活到"泰坦尼克号"沉没，最后是反思事件的记忆。整个历史事件被涵盖在几个生动的主题单元之中，并被一条蓝色的线串成一条记忆的链条（图 2-4-11）。

图 2-4-11　泰坦尼克展

　　进入展览，观众首先看到许多大小不一、不同年代的行李箱，这是展览的第一个单元"欢迎登船"，大大小小的行李箱展示出游客刚登上航船的热闹景象。参观者从这里进入主通道，一眼望去，通过长长的走廊，他们的视线被聚焦于走廊尽头悬挂的一口钟上，这是"泰坦尼克号"上的遗物，它静静地悬在那里，作为展览的主要景观，与周围的钢铁壁板默默相对。从展览起点堆置的被绳子捆绑的旅行箱和满墙的遇难者遗照到展厅中央那精美华丽的轮船模型，就像辉煌的歌剧开场一样，预示着将要来临的命运之旅将要启航。

　　每一个展厅（轮船的舱室）环境都被复制得非常逼真，配以从海底打捞上来的杂物和放大了的历史照片，这种写实主义的处理风格很容易地将参观者带回那个年代。然而具有戏剧实验意义的是，观众沿着展览流线前行，这些写实主义风格的展厅被浪漫风格的蓝色走廊不时地打断，就如同布莱希特戏剧的间离效应，使参观者不知不觉地在过去与现实之间自由穿梭。蓝色走廊里低沉的背景音乐与逐渐加快的鼓点声也加重了不安的情绪。

　　与冰山的碰撞是展览的一个高潮，为了使这一单元更为突出，设计团队使用了更为夸张的处理，如倾斜的地面，影像直接投射在"冰山"上和一种极具创意的陈列方式——打捞上来的文物（如望远镜、摆放着餐具的餐桌、船体零件等）全部陈列在放满海水的玻璃柜中。在欣赏冰冷的遗物同时，还配有背景音效循环播放，背景音效是朗读者朗读关于这次沉船事件幸存者的日记。声情并茂的朗读与文物展品相互映衬，参观者的情感受到触动，展览的互动性发挥到极致。

图 2-4-12　泰坦尼克展：沉睡在海底的"泰坦尼克号"

当参观者进入倒数第二个展厅时，展览的节奏突然发生转折，由快突然变慢。这个厅叫作"静默"，是一个蓝色并完全隔音的空间。观众仿佛来到海底，黑暗中散落于四周的展柜就像海底的礁石，陈列于其中的遗物在默默地向他们致哀（图 2-4-13）。

图 2-4-13　泰坦尼克号展："静默"，一个蓝色并完全隔音的空间

展览的最后一个展厅叫作"传说"。与上一个展厅完全不同的是，这是一个有着白色墙壁的明亮空间，"泰坦尼克号"船上的那口钟醒目地挂在正中，它周围的地面上铺满了白色的海砂。看到它，人们可能会联想到"警钟长鸣"，想到

这口钟在大船撞击冰山后曾向全船发出的警报。展厅的后续展示没有局限于这次泰坦尼克号的沉没，还展示了不同国家不同年代邮轮的报道，大面积的新闻展示，带给观众无比的震撼，同时让观众开始思考邮轮事件给人类的警示。

展览的策划和设计者们在展陈中自始至终都没有对整个事件发表任何主观的解读和评判，展览的力量来自那些历史的碎片，允许他们将本身所蕴含的信息直接向参观者传达。"泰坦尼克号"的故事是通过文物与场景来讲述的，而不是通过策展人的解读。同时，通过戏剧化的照明、触觉和肌理的展示、温度的变化以及音频环境等巧妙的设计也有力地烘托了展陈内容与参观者之间的情感交流。

图 2-4-14　泰坦尼克展局部图

如图 2-4-14 所示，嵌有铆钉的粗钢板被一片蓝光笼罩，看上去既像登上轮船甲板又仿佛置身于幽幽的海底世界。

四、维多利亚和阿尔伯特博物馆

由英国卡森曼展览公司设计，位于伦敦的维多利亚和阿尔伯特博物馆中的"不列颠长廊"的新展陈设计代表着现代博物馆设计发展的一个新的开始。这次展览的设计核心是将博物馆单纯的收藏与展示功能扩展成为更加开放的公共教育课堂，使一般观众通过非凡的观赏与互动体验，积极地参与和发现文化艺术中所蕴含的奥秘。与许多现代博物馆不同的是，它的艺术装置与创新并不局限于纯技术层面，而是恰如其分地平衡使用适当的技术手段，将这些手段融合进参观者在浏览过程中的节奏把握，与展品内容的动态演示与互动。

"不列颠长廊"的展示内容追溯了 1500—1900 年英国艺术与设计的发展历

程，其馆藏丰富，学术含量高，新的展陈设计难度极大。在最初的策划阶段，馆方所确定的展纲完全按照传统的编年史方法，并且完全围绕现有馆藏清单进行所谓常规的布展规划。在这个基础之上，策展团队按照大致叙事结构精心编织出若干条平行脉络，分别与相关的主题，如风格、品位、时尚生活与技术创新等进行对应。策展团队承认观众的多样性，这些平行主题的设立使得丰富而复杂的展线被分解为更容易被观展的人群所接受的单元，使展陈所要传递的信息更容易被非专业的一般游客所理解，相对减少了过于学术的表达与僵化的时间排序。这种展陈设计的多样性同时还体现在多种色彩与织物面料的使用，内立面几乎全部被利用并使用各种丰富的材质肌理。在视觉上各单元的过渡与连接强调节奏变化的柔美，整个展览空间无孤立存在的大型物体与装置。游览"不列颠长廊"虽然得到许多文化知识的灌输，但整体的游览过程十分轻松，艺术作品的感染力让参观者是在愉悦放松的氛围中完成文化的传播。

小型展品较多是本次展览的一大特点，如果展品随意摆放，很容易给观者一种混乱的感觉。设计团队通过上面提到的多样手段使各组展品形成完整的系列，组成了一段段平静的画廊，每个相对独立的画廊彼此间相互呼应并互为彼此的背景而存在。展厅空间构图灵活而完整，主要展区视觉醒目、连接流畅，视听装置被置于稍稍偏离主展线的侧翼，而研究室和休息区则安排在大厅转角的地方（图2-4-15）。

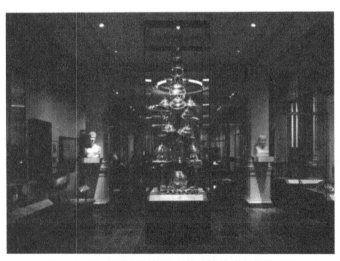

图 2-4-15　维多利亚与阿尔伯特博物馆局部展示图

"不列颠长廊"的一个独特之处是围绕主题将所有展陈内容分组布展，这是在博物馆设计领域首次为增强戏剧化与叙事效果而进行的有益探索。绘画、照片、草图与相应的服装、织物、家具、玻璃、陶瓷和其他工艺精品等摆放在一起，共同组成一个个完整的空间场景，创造出一幅幅具有丰富人文色彩的立体画卷。每一个空间都被赋予一个文化主题：如"喝茶""饮酒""食品""企业家""收藏家"等，当观众置身于这种特定环境中，周围所有具有关联性物品会强烈作用于他们的感官，由此还可能激发出各种联想或记忆，因而对特定的事件或主题印象深刻，自发产生情感上的互动和共鸣。

本次展览由五个展厅组成，每个展厅有不同的主题，展厅内的艺术装置都是对主题的阐释，各具特色。

展览的陈设看似随意，但实则充满创意，展品相互之间的联系紧密，是设计者精心规划的创意之作。在体现以物叙事的同时，许多必不可少的学术观点也是通过各种形象的艺术或技术手段传达给观众。对于像维多利亚与阿尔伯特这样的世界顶级博物馆来说，在这次展陈升级后最令人感到非比寻常的是，为了加强互动的效果，许多展品竟然可以被观众触摸，包括一些收藏在展柜抽屉里的实物。在"探索"专区，观众们还会被邀请参与更多的活动：如在镜前试戴一下维多利亚时代的头巾，手套或箍带衬裙，学习如何打领结等。综上，博物馆的参观经历更容易让观众融入其中，展览的色彩更加丰富、互动性更强，展览的表达方式更加多元，有趣，参观者也更愿意走进博物馆，感受博物馆（图 2-4-16）。

图 2-4-16　维多利亚与阿尔伯特博物馆分布图

第三章 交互体验设计概述

交互体验设计在博物馆的设计中运用已经越来越广泛，本章意在更为深入了解何为交互体验设计。本章共分为四节，第一节是对交互体验设计含义的解释；第二节分析交互体验设计的特征；第三节研究交互设计中数字媒介的种类；第四节研究数字产品交互设计用户体验概述。

第一节 交互体验设计的含义

交互设计在生活中的运用十分广泛，博物馆中的交互设计主要作用在于与观众之间的互动，但交互设计产生之初并非如此，下面这些案例可以分析出交互设计的含义。

1979 年 3 月 28 日凌晨，美国宾夕法尼亚州哈里斯堡东南 16 千米处的三里岛核电站 2 号反应堆发生了放射性物质外泄事故，事故导致核电站附近 80 千米半径范围内的自然生态环境受到污染与破坏。这是人类发展核电以后首次引起世人关注的核电站事故。

事故发生后，专家调查了事故产生的原因，主要是操作员的操作失误以及仪器表盘界面出现问题，界面应当显示仪器的温度与通电情况，并且还应显示内部结构问题。内部出现问题没有及时显示，导致操作员没有及时发现问题，造成了事故发生。

如图 3-1-1 所示，为早期核电站的控制室照片。照片中操作员观察仪器的仪表盘界面。上述事故中由于陈旧的交互设计，无法及时准确地显示出仪器问题所在，所以给及时修理仪器制造了障碍，延误了修理时间，这不是一个成功的交互设计体验，没有及时反映仪器传递的信息。

图 3-1-1 早期核电站控制室示意图

如图 3-1-2 所示，是手机中操作有误的提示界面，后者是微信出现不当操作的提示信息。是较前者更为合理的交互设计，处理方式循序渐进，前两次密码输入错误会提示输入错误，后面再错误则会提醒是否为本人操作或者修改密码，如图 3-1-3 所示。

图 3-1-2 某手机 App 的错误提示

图 3-1-3 微信登录页面的错误提示

在处理错误信息这个问题上，更进一步的交互设计方案是"防患于未然"，例如支付宝转账功能的设计方案。

如图 3-1-4 所示，是支付宝较早期的转账功能示意图。用户如需进行转账操作，点击左图中需要转账的用户名称，而后进入右图界面，输入转账金额，为确保操作正确，输入金额后会出现对话框再次确认用户操作，避免操作失误。

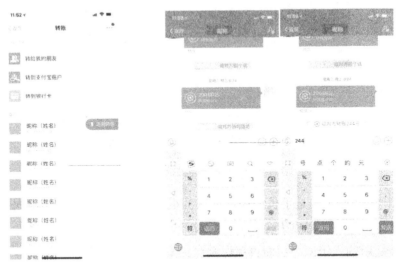

图 3-1-4　支付宝转账早期流程

后来，支付宝的设计师更进一步进行了改进：用户点击昵称后，直接进入转账页面，一目了然更为清晰，从流程上直接进行了优化，避免了用户犯错，如图 3-1-5 所示。

图 3-1-5　支付宝转账新流程

上文所讲述的案例中，都是设计中传达了错误的信息所导致了不当的操作，因此交互设计的产生为生活中很多实际操作提供了便利与保障，对于交互设计更为深层的含义通过下面解释来讲述。

交互设计中"交互"一词，英文是 interaction，其中 inter 是"互相"的意思，action 就是"行动"，交互就是主客体之间的"你来我往"相互行动。如图 3-1-6 所示。

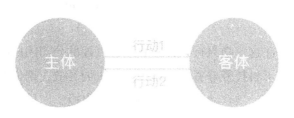

图 3-1-6 交互示意图

交互设计即设计这一系列"互相的行动"，使用户能更好地使用物品，物品能更好地服务用户。如支付宝的消息提示界面，就避免用户重复或者转账的错误，科技的产生应更好地服务用户，而减少不必要的麻烦。

交互设计在生活中覆盖多学科多领域，因此不同门类的学科之间存在相互交叉。其中，交互设计与人机交互的重叠区域最大，与工业设计、建筑设计、视觉设计、信息设计、体验设计都有交集，如图 3-1-7 所示。

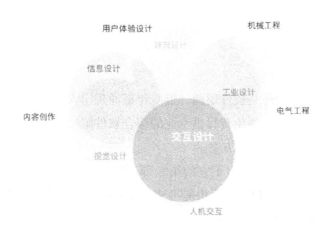

图 3-1-7 用户体验领域和交互设计

第二节　交互体验设计的特征

一、创新性

在近二三十年的发展中，有些领域发生了几次深刻的变化。

首先，一些创业公司的创新在商业上取得了真正的成功：Oculus Rift（2013）被 Facebook 收购，产品出现了大规模扩散；Leap Motion 及其轻量级位置传感器（2013）。

投资者开始关注这一新兴行业，并联系有兴趣的公司团队购买相关技术，这些技术极大地改变了科技爱好者的生活，如耳机的音效，携带方式都有很大的创新性，这些产品包括：微软动力学传感器、谷歌眼镜、三星 Gear VR 耳机、微软 Holo Lens 耳机、索尼 PS-VR 耳机，等等。

二、专业性

VR-AR 领域的另一个巨大变化是，最初打算用于少数专业领域的应用扩展到了整个社会，甚至进入了我们的家庭。在近几年中，虚拟交互设计不再是专家的专享技术，它遍及生活中的大多数人群。设备与技术更为专业与普及，无论是受益者还是开发者对这一领域的了解都更为专业。任何销售电子系统的主流厂商都将在其货架上和产品目录中能看到的全套设备提供在大型零售商店。"传统"商店为客户提供尝试应用或设备的机会已经不再罕见。VR-AR 在使用上的这种演变无疑将在今后几年内继续下去。

三、突破性

无论是在物质层面还是软件层面，近些年都涌现出大量的突破性新产品。在软件领域，我们必须注意到免费提供专业的综合软件解决方案，使任何具有专业知识的人都能开发自己的解决方案。

在 2007 年 6 月，苹果售出了它的第一部 iPhone。这是移动手机市场以及移动应用领域重大突破，用户通过手机能迅速与屏幕以及手机传递的内容产生联系，缩短了人与人的沟通距离，这距离也让普通用户能够使用移动 VR 或 AR 应用程序只有一步之遥，而此前这些应用程序并不为人所知，也过于昂贵。同时视频游戏在头戴式显示器领域取得了重大进展，应用技术大规模普及，价格上也有了突破性，成本的降低让越来越多的人开始接受这一新鲜技术。

第三节　交互设计中数字媒介的种类

一、"虚拟现实"的技术

"虚拟现实"通常被用作各种沉浸式体验的总称，包括许多相关的概念，如"增强现实"（AR，Augmented Reality）"混合现实"（MR，Mixed Reality）和"扩展现实"（XR，Extended Reality）。但本书提到的"虚拟现实"，通常指的是沉浸式计算机模拟现实，它创造了一个虚拟的现实环境。VR 环境通常与现实世界是隔离的，也就是说，它创造了一个全新的环境。虽然数字环境既可以基于真实的地点创建（如珠穆朗玛峰顶），又可以基于想象的地点设计（如水下城市亚特兰蒂斯），但它们依然存在于我们的现实世界之外。

随着"虚拟现实"（VR）技术的不断演进，拥抱 VR 的时刻已经来临，令人兴奋，也带点狂热，但先别急，我们还是应该评估一下 VR 的发展方向，这很重要。人类是不是已经开始大范围普及 VR 技术？这项技术会不会在未来一两年内掀起"第四波"技术变革浪潮的高潮？还是与一些反对人士暗示的情况一样，VR 目前所处的阶段只不过是整个 VR 发展周期的另一场失败，潮起潮落，浮浮沉沉，然后再度陷入"低谷期"并徘徊十年之久？

很多专家认为 VR 将在 2021—2023 年间实现主流应用。到那时，VR 头显可能已经发展到第三代或第四代，2018 年的许多问题都将不复存在。

我们先来看一看 VR 技术的现状，目前，市面上正在发售的主要是第一代设备，当然也有很多第二代（或者算 1.5 代）产品已发布。了解 VR 的现状有助于我们对这项技术的发展方向做出自己的预测，并能够判断在 VR 的整个发展周期中，目前我们处于哪个阶段。

（一）"虚拟现实"控制器

"虚拟现实体验仅有视觉是不完整的"，虚拟现实头戴显示器（Oculus Rift）的创始人帕尔默·拉奇（Palmer Luckey）对维格科技网说，"玩家绝对需要一套完全融合的输入输出系统，这样无论是观察虚拟世界，还是与之互动，都会有自然而然的感觉。"

以下是我们在深入了解 VR 世界时会见到的各种输入设备及其特点。

1. 眼动跟踪

2016 年，一家名为 FOVE 的公司发布了第一款具有内置眼动跟踪功能的 VR 头显。Facebook、苹果和谷歌公司也都为自己的各种 VR 和 AR 硬件设备大肆收购从事眼动跟踪研究的大小创业公司，这充分说明眼动跟踪的确是一个值得关注的领域。

通过眼动跟踪，用户可能会拥有更为直观的 VR 体验。在市面上出售的除 FOVE 类型的第一代头显，大部分都只能对用户头部转向何方进行判断，而没有办法判断用户的目光是否真的转向那个地方。

很多头显都会通过用户视野中的十字线提醒用户，告诉他们那是视线焦点所在。不过，在现实中，"脸部正前方"并不一定是人们视线焦点所在的位置。比如，哪怕端坐电脑前，面前就是计算机显示器，在使用各种菜单时，我们的视线焦点并不会落在正中间，而会频繁徘徊在计算机显示器顶部与底部之间。有时候，我们的视线焦点还会落在鼠标上、键盘上……此时，我们的头可能从未移动过。

眼动跟踪还有另一个优点，那就是能够将焦点渲染功能添加给应用程序。如图 3-3-1 所示，是焦点渲染工作原理示意。凡是我们视线集中之处，都能保持住全分辨率的渲染精度。同时，在全分辨率的焦点区和低分辨率的边缘区之间还有一个过渡区。

图 3-3-1　焦点渲染工作原理示意

与 FOVE 潜心研究自家头显的眼动跟踪技术不同，Tobii 和 Tinvensun 等厂商的研发重点是能给市售 VR 设备增加焦点渲染功能的配套硬件。各大头显制造商普遍对其下一代产品是否计划添加眼动跟踪功能缄口不言，由此可以看出，给装置装上眼动跟踪的翅膀可能需要一代甚至两代的时间，但这件事情绝对值得持续关注。

2. 切换按钮

切换按钮非常简单，没什么必要专门提到它。目前，切换按钮已经成为最畅销的 VR 头显——"Google Csrdboard"上的独一无二的输入手段。其本质就是就是一个简单的开关，使用十分简单，只需"咔嗒"一声，进行开关动作即可开始。

（二）"房间式"与"固定式"体验

房间式 VR 为用户提供一块游戏区域，用户可以在该区域内随心所欲地来回移动，从而体验诸如漫步于海底、飘浮于宇宙飞船等奇妙场景。在真实空间中，用户所做出的动作会被捕捉，继而被导入数字环境。如果第一代 VR 产品想要实现这点，就需要额外配备一些设备，如摄像头、红外感应器等，对 3D 空间中用户的动作进行监控。不过，很多第二代 VR 设备已经更新换代，其拥有内置式外侦型跟踪功能，对于这方面内容，我们将在随后进行讨论。

当然，房间式 VR 也有一定的缺陷，如果我们漫步于虚拟世界时，不想碰到现实世界中的障碍，就需要拥有更大的游戏空间。虽然 VR 开发人员利用很多技巧对空间不足问题加以解决，但是我们仍要看到，对于相当一部分的 VR 用户来说，拿出整个房间专门作为 VR 空间是并不现实的。

因此，VR 开发人员要在虚拟世界中对真实世界中的障碍进行标明，避免用户在体验过程中不慎撞到墙壁或者门框。房间式 VR 体验中也必须对真实世界中相应的屏障进行设置，将真实世界中的界限于虚拟世界中划分而出。

如图 3-3-2 所示，是对 HTC Vive 目前解决这个问题的思路的说明。如果用户在对虚拟房间进行设置时，定义出了真实世界的界限所在，一旦用户与真实世界中的障碍太过接近，那么虚拟世界中由虚线绘制成的"全息墙"就会对其进行相应警告。目前，这一代 VR 头显能实现这种功能已很是优秀，不过，当今社会科技发展日新月异，或者 VR 头显再历经几次换代，就无须设置，直接能对真实世界中的障碍进行检测，并将其自动标记于虚拟世界中。

相反，在固定式的 VR 体验中，上述问题就能被轻易解决。因为固定式 VR 体验中，用户无法进行自由移动。因此，VR 开发者在设计过程中，或是让整个体验过程都在同一个固定地点进行，或是采用不同运动方法（如利用控制器让游戏中角色进行移动）进行代替。

此外，房间式 VR 还存在着许多其他问题。例如，在虚拟世界中，用户看似是自由自在的，可以到处漫游，然而其行动实则被限制在真实空间之内。不同玩家拥有的真实空间面积也是不同的，有的玩家拥有很大的房间，全部被用以 VR 体验；有的玩家却只有很小的空间，在 VR 体验中显得十分局促。因此，当前 VR 开发人员正面临着难题，怎样才能对用户在虚拟世界与真实世界中的活动需求加以满足？假如用户想要突破虚拟世界中的边界，那么会发生怎样的事？

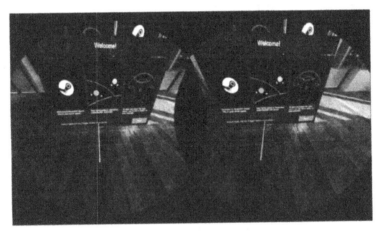

图 3-3-2　HTC Vive 的"全息墙"边界增强现实的技术

（三）增强现实技术的含义

"增强现实"则是一种观察现实世界的特殊方式（直接观察或通过摄像机之类的视像设备间接观察），利用计算机生成的内容（包括静态图像、音频和视频）"增强"现实世界的视觉效果。AR 与 VR 的不同之处在于 AR 是现实世界或现有场景的增强版（增加了新内容），而不是从头开始创建新场景。

如图 3-3-3 所示，是当前最受欢迎的 AR 游戏之一《精灵宝可梦 GO》中的场景，玩家可以在真实环境中看到精灵宝可梦的形象。

图 3-3-3　用 iPhone 玩 AR 版《精灵宝可梦 GO》

其实在过去的 20 年里已有数百万人每到周六和周日都会与 AR 有亲密接触，只不过他们很可能没有意识到。早在 1998 年，一家叫作 Sportvision 的公司就已推出了名为 1st&Ten 的系列节目，引入标志首攻位置的黄线，为普通的球迷们带来数字化的视觉体验，风靡一时。

为达到节目效果，Sportvision 创建了一座橄榄球场的虚拟 3D 模型。在捕捉游戏视频时，布置在真实世界的每一台摄像机将自己的位置、倾斜度、平移值和缩放值输送给功能强大的联网计算机。有了这些数据，计算机就可以精确地设定每一台摄像机在虚拟 3D 模型中的位置，并使用专门的图形程序在输入的视频数据中绘制线条。当然，绘制过程的复杂程度远超你我的想象。如果绘制的线条仅仅是简单地叠加在源画面之上，那么每当运动员、裁判或球从被叠加的地方经过，无论是人还是物体，看起来都会像处于虚拟线条的"下面"。这种效果非常糟糕。

为了让绘制出来的线条看起来位于不同人和物的下方，软件会使用一号调色板（也就是球场调色板）处理应当嵌入球场之中的颜色，用二号调色板来处理应当处于线条之上的颜色。在源视频上绘制线条时，球场调色板的颜色会转换为黄色，让线条显示出来，而二号调色板的颜色不会变，这样就可以让人和物体呈现在线条之上。这样的设计相当于把 AR 场景用壳包了起来给真实环境（橄榄球场）增加了数字内容（黄线），这样就可以用更加自然的方式提高用户的观球体验。

"增强现实"（AR）近年来的发展势头很好。由于"虚拟现实"（VR）有着极为丰富多彩的发展史，所以公众可能大都认为 AR 已经落后于 VR。无论是 AR 的概念更难以理解，还是 VR 技术让人觉得"更性感"，在消费者的心目中，AR 总是扮演 VR 的配角。从 2013—2017 年夏天，这个现象最为显著。在这段时间里，VR 眼镜再度强势进入公众视野，AR 重新退居二线。但是，2017 年秋天发生了一件有趣的事情。苹果公司和谷歌公司分别公布了 AR Kit 和 AR Core，使开发人员更容易为 ios 和 Android 平台编写 AR 应用程序。这个消息影响很大，因为它立即使 AR 兼容设备的数量增加到近 5 亿（ios 和 Android 兼容设备的安装基数）。虽然并不是每个 ios 或 Android 移动设备的用户都会使用 AR 应用，但是那些想试试的人确实不再需要购买额外的硬件就能实现。

如图 3-3-4 所示，是未来几年 AR Kit 和 AR Core 设备的预计增长率，源于 AR tillry Intelligence 的预测。Ar tillry 预测，到 2020 年将有近 42 亿台手持式 AR 设备进入消费者的口袋，这是一个巨大的市场，增长的数字令人难以置信。预计苹果将率先推出移动型 AR 游戏，谷歌和 Android 随后会迎头赶上并超越 ios，因为 Android 设备的换机周期将在未来几年内出现。

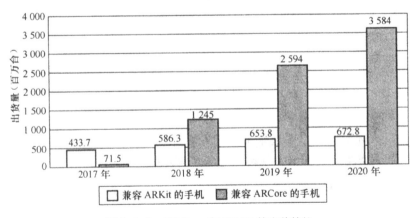

图 3-3-4　AR Core 和 AR Kit 的安装基数

AR 与 VR 既有相同的传统特征，也有类似的新问题。与 Google Cardboard 让 VR 走近大众很相似，AR Kit 和 AR Core 也让 AR 的名声得到了消费者的认可。然而，与高端的可穿戴设备（如微软的 Holo Lens、Meta2 或 Magic Leap）相比，无论是 AR Kit 还是 AR Core，都不算什么。

（四）市售产品的形态规格

VR 产品的样子大都趋于统一（一般都是覆盖头部或眼睛，带有耳机和一对控制器的头显），AR 则大不一样，各大厂商仍在努力探索最适合它的形态和规格。现在 AR 产品的外形花样繁多，有眼镜、有头显、有大型的平板电脑，也有小型的手机，甚至还有投影仪和平视显示器（HUD）。

如果说所有这些外形都适合用来玩 AR，还真是完全可能的。但也有可能这些都不是最好的，真正"最适合"的外形也许另有他选（是什么呢？会不会是 AR 穿戴式接触，只有时间能证明最终的答案）。但此时此刻，我们可以评价一下市场上那些十分受欢迎的产品。

由于形态规格的多样性，目前，不同形态规格的产品，其 AR 体验有着很大的差异，每种都有适合自己的市场。接下来，我们将了解 AR 产品最常见的形态规格，以及它们各自的用途和消费人群。

1. 移动设备

移动设备可以算是 AR 体验的低端产品，目前占据了 AR 市场的最大份额。其实像 Snapchat、Instagram、Yelp 和 Pokemon Go 这样的很多应用在有些地方为玩家提供了基本的 AR 体验，尽管大多数用户可能没有意识到这一点。每当你在 Snapchat 上给自己的照片添加兔子耳朵或是发现皮卡丘在公园里跳来跳去时，实际上你正在手机上使用原始形式的 AR。如图 3-3-5 所示，是 Instagram 上发布的利用数字叠加增强后的用户视频（真实世界）。

图 3-3-5　AR 用于 Instagram 图示

虽然在移动设备上早就可以构建 AR 体验场景，但 AR Kit 和 AR Core 的发布无疑使开发人员更容易做到这一点。AR Kit 和 AR Core 分别是用于为 ios 和 Android 构建基于 AR 的应用程序的基础开发包。它们具有相似的功能集，主要用途是让开发人员可以简单地把数字影像放置在用户环境中，而这些图像要让最终用户觉得看起来很"真实"。这些功能包括"平面检测"和"环境光照度估算"。

AR Kit 和 AR Core 不是硬件设备，而是开发人员用来为特定硬件编写应用程序的软件开发包。这两种开发包虽然需要与 ios 和 Android 设备互动，但都不是硬件本身，当然，这是一件好事。这样我们可以使用现有的移动设备来体验苹果公司和谷歌公司的 AR 世界，而不必另外购买设备，前提是自己的设备要符合 AR Core 或 AR Kit 的最低技术要求。

2.AR 头显

移动设备是很多 AR 用户的初体验，当然，是最低端的那种，而且这种尴尬的境地是由移动设备自身的外形和规格所决定的。用户需要一直握住设备，使之捕获现实世界的图像，这样增强的数字内容才能叠加在上面。而现有移动设备的外形尺寸远小于用户的整个视野，所以视窗就只有屏幕大小。

如图 3-3-6 所示，大部分 AR 头显都有着大号的头戴或头盔式外形，在头显前面是观察镜，呈半透明状态。头显会在从现实世界捕捉的图像上叠加数字内容，继而将二者合成为图像，并在观察镜表面进行投射。而 Magic Leap One 则有着较为不同的工作方式，其通过一对目镜与光场一起将图像向用户进行显示。

部分头显属于一体机，其在移动上有着更高的自由度，不过这是牺牲处理能力换来的。部分头显，如 Meta 2，需要与具有强大处理能力的计算机相连接，且不能被随意移动。而魔术跳跃一号（Magic Leap One）的原理则介于两者之间，其需要与灯组（Lightpack，一种小型可穿戴计算机）相连接，从而将运算能力提供给自身的目镜。

图 3-3-6　用户通过手势在 Meta2 的数字影像中导航

Windows 混合现实（Mixed Reality）可能是一个很有趣的例外。凭借在 VR 和 AR 领域的实力，微软似乎坚信 VR 和 AR 最终会融合在一起。与 HoloLens 和 Meta 2 不一样，根据设计，目前的 Windows Mixed Reality 不是把图像投射到半透明的观察镜上，而是采用前向摄像头，这应该是一种直通式的设计。但是，这个功能并未成形。

如表 3-3-1 所示，是三大 AR 头显的对比。

表 3-3-1　头戴式 AR 装置对比

	Microsoft HoloLens	Meta2	Magic Leap
平台	Windows	专用系统	Lumin（专用系统）
是否一体式	是（无线）	否（以有线方式接入 PC）	需要连接 Lightpack 计算机

续表

	Microsoft HoloLens	Meta2	Magic Leap
视场	未知 35 度	90 度	未知
分辨率	1268×720	2560×1440	未知
重量	1.2 磅 （约 0.54kg）	1.1 磅 （约 0.5kg）	未知
刷新率	60Hz	60Hz	未知
互动模式	手势、语音、点击	手势、位置跟踪感应、传统输入（鼠标）	控制器（手持式"6自由度"控制器），其他

虽然这一代 AR 头显能给我们带来目前最好的 AR 体验，但它们仍然都是临时解决方案。没有人能百分之百地肯定 AR 最终的模样。最终结果有可能是混合型头显（如微软心目中的 Windows Mixed Reality），也可能是 AR 眼镜这样的形式。

3.AR 眼镜

在不久的将来，体验 AR 的最佳方式可能就是一副简单的眼镜。现在的 H010Lens 和 Meta 2 更像一个巨大的面罩，不能算是 AR 眼镜。Magic Leap One 要接近些，但目镜还是太大了。谷歌眼镜（Google Glass）和最近发布的英特尔 Vaunt 才算得上是 AR 眼镜，知名度很高。但严格来说，它们比可穿戴式 HUD 也只是稍微好些。它们的视场太小，图像处理性能薄弱，也缺乏将数字内容"放置"在真实环境中的能力，而且分辨率极为有限，互动性也不足。如图 3-3-7 所示，描绘了用户使用谷歌眼镜通过滑动侧面的触摸板来浏览眼前显示的内容。

图 3-3-7　谷歌眼镜 Explorer 版

尽管像谷歌眼镜这样的 HUD 很有趣，但没人把它们当成真正的 AR 设备。随着 AR Kit 的发布，再加上苹果公司首席执行官蒂姆·库克盛赞 AR 代表着技术的未来，人们普遍猜测苹果公司计划推出自己的 AR 眼镜。当然这有待苹果公司的确认。而目前，只有移动设备和少数 AR 头显上有 AR 的内容。

二、"混合现实"的技术

MR 即"混合现实"，与 VR、AR 同属于现实增强技术，这一新概念来自多伦多大学教授史帝夫·曼（Steve Mann），他也是"智能硬件之父"。其既包含增强虚拟，也包含着增强现实，指的是将虚拟世界与现实世界进行合并后所产生的一个全新的可视化环境，也就是"数字化现实 + 虚拟数字画面"。

MR 以 VR 与 AR 为基础，是立足二者发展而成的一种混合技术形式。MR 不仅具有 VR 和 AR 的优点，也对二者的大部分缺陷加以去除，是一种非常取巧的新兴技术。MR 与 AR、VR 两者的融合主要体现在渲染和光学加 3D 重构上，而它们唯一的共同点便是都具有实时交互性。即 MR=VR+AR= 真实世界 + 虚拟世界 + 数字化信息。

在一些 MR 实例中，虽然我们可能只看得到完全数字化的环境，看不到现实世界，但数字环境与我们周围的真实世界的确密不可分。在虚拟世界中，真实世界的桌子或椅子可能会显示为岩石或树木，办公室墙壁也可能看起来像布满苔藓的洞穴内壁，这就是基于 VR 技术的 MR，有时也叫作"增强虚境"。

在设备方面，微软公司于 2015 年开发出的一种 MR 头显 Holo Lens 和 Magic Leap 公司正在研发的产品，都可以称得上是 MR 设备中的代表。

微软的 Holo Lens（图 3-3-8）是基于 AR 技术的 MR 头显，能够扫描真实环境并同虚拟物体融合在一起。微软的 Meta 2 也采用了这项技术，比苹果公司和谷歌公司目前基于平板电脑的产品更进一步。Meta 2 能把数字环境投射到半透明的面罩上，使我们的双手能够与数字物体进行互动，简直像真的一样。

图 3-3-8　微软的 HoloLens 头显

用户能够在现实场景中非常轻松地对虚拟图像进行分辨，还能对其"发号施令"。微软在 Holo Lense 发布会上展示的场景，即使用者在自家客厅与入侵的外星生物进行"战斗"，就是非常典型的 MR 应用场景，如图 3-3-9 所示。

图 3-3-9 用户使用 HoloLens 在家中畅玩

并且，Holo Lens 的使用者的行动完全不受限制，其既可以随意来去，还可以和人进行交谈，不存在"会不会撞到墙"的顾虑。眼镜会对使用者的移动以及视线进行追踪，利用摄像头观察室内物体，从而掌握空间内茶几、座椅或其他物品位于何处，继而将 3D 图像投射于它们的表面（甚至内部），将相应的虚拟对象生成而出，最后通过光线投射至用户眼中。由于设备能够掌握使用者身处的方位，因而使用者也可以通过手势（目前只支持半空中抬起和放下手指点击）和虚拟 2D 对象进行交互。如上所述，设备所具有的各种传感器能够对使用者在室内的移动进行追踪，通过层叠的彩色镜片创建出可以从不同角度交互的对象。此外，它还可以投射新闻信息流、收看视频、查看天气、辅助 3D 建模、协助模拟登陆火星场景、模拟游戏，等等。

如图 3-3-10 所示，是 Magic Leap 研发的一种新型眼镜，戴上眼镜人们所看到的让人惊讶的画面，是一个让人惊艳的效果图。

图 3-3-10　Magic Leap 官网宣传图

　　就 MR 的定义来看，或许会让读者感觉与 AR 十分接近，但其实两者之间有两点明显的区别：一是虚拟物体的相对位置会否随用户而改变；第二则是用户是否能明显区分虚拟与现实的物品。

　　第一点，以 AR 产品谷歌眼镜为例，如图 3-3-11 所示。它透过投影的方式在眼前呈现天气面板，当你的头部转动的时候，这个天气面板都会随之移动，跟眼睛之间的相对位置不变。反之，Holo Lens（属于 MR 产品）也有类似功能，当 Holo Lens 在空间的墙上投影出天气面板，无论在房间里如何移动，天气面板都会出现在固定位置的墙上，也就是所投影出的虚拟资讯与你之间的相对位置会改变。

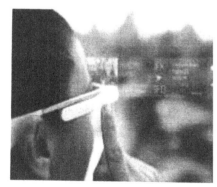

图 3-3-11　谷歌眼镜投影虚拟物体（左）与 Ho1oLens 的虚拟物体（右）

　　AR 与 MR 的第二点不同则在于投影出来的物件，在 AR 设备中能够明显被辨识，例如 MSQRD APP 中所呈现的虚拟效果。但是 Magic Leap 是向眼睛直接投射 4D 光场画面，因此使用者无法在戴上 Magic Leap 时分辨出真实物体与虚拟物体，如图 3-3-12 所示。

图 3-3-12　Margic Leap 真实物体与虚拟物体

第四节　数字产品交互设计用户体验概述

一、用户体验的内涵和作用

现实生活中的产品或服务能给人们带来不同的感受，在日常生活中人们似乎会经常遇到"不愉快"或"倒霉"的事，例如，由于社区因检修电表而导致突然断电，使家中的电饭锅无法使用，耽误了人们吃晚饭，使心情变得烦躁。这种类型的不愉快的事件在日常生活中似乎并不少见。

其实，认真地分析一下，这种事情是可以避免的。为什么我们不能正常吃饭呢？是因为电饭锅因为断电而无法正常使用。那么，假如电饭锅具备蓄电功能，那么就不会再受到断电带来的影响。或者，电饭锅可以变得更加"智能化"，当用户发现电饭锅无法正常工作时，可以通过相关提示判断出是由于断电导致，而不是电饭锅本身受到损坏。再假设，社区管理部门、供电公司能够提前通知用户某一时间段断电，那么用户就不会再选择回家做饭，或是"下馆子"，或是叫外卖，完全可以避免这些烦心事，让自己心情保持愉悦状态。从上面的分析可知，很多所谓的"倒霉"事是完全可以避免的。导致这种状况发生的很大原因是对用户体验的关注度不够。在产品设计和开发的过程中，不管是开发工程师还是设计师，往往都着眼于能否实现产品性能，而忽视了用户能否具有更好的使用体验。

用户体验并非指产品自身的性能与作用，而是用户如何对其进行使用，以及使用中所产生的一系列主观感受。因此，用户体验所强调的并非某一产品的功能、作用，而是强调该产品如何与人"交流"，如何与外界相联系。例如，该产品"上手"是否方便快捷，应用的界面好不好看，使用的过程感觉怎么样。

用户体验常常体现在细微之处，因此很难引起人们的注意，容易被忽视，但它却是非常重要的。有一家公司每天都会收到员工相类似的投诉："在上班高峰期的时候，公司的电梯不够用，会让员工在等待的时候心情烦躁，而影响一整天的工作质量。"这个问题引起了高层的重视，但是如何解决呢？重新规划楼层布局，增加电梯数量，延后员工上班的时间等很多建议都会在很大的程度上影响公司的效益。一个设计师偶然知道了这个问题，并提出了自己的想法：他分析了人们乘坐电梯时的心理与情绪，发觉解决问题的关键在于如何转移员工等候电梯时的注意力。最后，该设计师建议老板在电梯旁边添置一面镜子，这样问题便能迎刃而解。事实恰如其所料，由于多了一面镜子，员工等电梯时不再无事可做，而是能够通过镜子整理自己衣着与发型，还能借此找到相关话题，与同事聊天说笑，那些焦躁与抱怨自然消散无踪。再如，从前人们烧水时使用的都是响水壶，听到水壶发出的声音就知道水是否已经沸腾，也不用专门花费时间去学习，早已形成了人们的生活常识，而这正是现代很多电水壶设计过程中设计师应当考虑的重要设计因素，能引起人们与产品的共鸣，降低人与产品之间的陌生感和认知摩擦，符合人们对日常生活用品的认知习惯。

其实，对于大部分移动互联网应用产品而言，其能否取得成功，往往都是取决于"用户体验"。特别是现如今，竞争分外激烈，假如开发人员或者设计师没有全面而深入地探究分析用户需求，而是直接短时间内完成一个应用，寄希望于针对用户使用后的负面评价加以优化提升，那么将很难抢占市场，同时很难得到用户的认可。因为，当前网络用户可选择的产品或应用很多，假如在使用的时候发现该应用无法满足自己需求，或者在细节之处难以得到更好的体验，他们就会放弃该应用，转而寻找替代品。

二、体验生活

人们每天都会与不计其数的产品和服务打交道，当回忆所接触到的产品或服务时，感觉是错综复杂的。当我们享受到人性化服务，使用了优质的产品，心情往往是充满愉悦的，从而对该产品、服务感到青睐；而如果我们得到的是冷淡的服务，使用的是劣质的产品，那么心情就会压抑而愤懑，对该产品、该服务自然也会感到反感。同时，不同的人群对同一产品往往有着不同的使用方式、使用目的，因而对其评价与感受也会有所差异。例如，对于普通大众和计算机专业人员来说，同一台 iPhone 手机往往具有不同的价值。因为普通用户多数是享受其带来的拍照、音乐、游戏等娱乐功能，而计算机专业人员则更多需求其软硬件一体化配置，如图 3-4-1 所示。

图 3-4-1　iPhone 手机的不同用户人群

此外，不同地点、不同时间，同一个人对相同产品也会产生差异性的看法与理解。例如，我们将手机铃声设置为自己最喜欢的音乐，在休闲放松时听到铃声响起，会觉得很是舒心，但如果是在上课、开会等场合中听到铃声，就会觉得尴尬与窘迫。

三、用户体验设计

我们在理解用户体验设计时，需要对这一概念进行全面分析，因为用户与产品交互时涉及的方方面面都属于用户体验设计需要处理的范畴，包括但不仅限于对产品的了解、学习及其使用，这一方面会涉及产品性能方面的交互和视觉设计，还会涉及在使用时，用户对产品的使用感受以及个人看法等。从这一层面来讲，用户体验设计涵盖的范围是非常广泛的，包括产品、服务、人以及环境等。举例来讲，在设计清洁工的工装时，需要格外注意的一点是，必须在工装设计上添加能够吸引行人和驾驶员目光的元素，比如可以使用荧光绿的布料，在视觉上呈现一种反光的效果，除此之外，还需要注意工装的布料，必须选择结实、耐脏的布料来制作清洁工的工装。

我们在理解用户体验设计时，不能将其完全等同于产品设计，二者存在明显的差异。产品功能是否齐全、产品外观是否美观，就是产品本身的性能，也是产品设计关注的重点；相对地，在使用产品过程中，人的主观体验是用户体验设计关注的重点。一般情况下，用户体验的满意度受多方面因素的影响，产品的功能和外观只是其中因素之一。

用户对产品满意，愿意为产品买单，则证明产品的用户体验设计是成功的，因此，在进行用户体验设计时，必须将用户的想法纳入考虑范围内，围绕用户的需求来进行产品设计是用户体验设计的有效措施。了解用户的详细知识，洞悉用户的需求，熟悉用户的行为特征和思维习惯，在此基础上制定的设计目标才能更加明确，设计出来的产品才能受到用户喜爱，否则即使熟悉设计流程，具备丰富的创造力，也难以设计出用户喜爱的产品。这种情况在移动应用市场上常常出现，很多不符合用户需求的应用存在的时间都很短暂。围绕用户需求进行设计，具体来讲就是，在设计开发产品的各个环节，都要考虑到用户的需求，从用户使用的角度来进行具体地分析，了解现象背后深层次的原因，使设计出的产品满足用户的需求，给用户更好的使用体验，进而使产品具备一定的使用价值。用户体验设计就是为了使产品具备用户可用价值。产品的可用性是衡量产品或服务是否具有用户价值的一个重要指标。从这个角度来讲，使产品具有可用性是用户体验设计的基础。

用户体验设计还需要考虑产品的吸引力。设计必须具备一定的商业价值，换句话说就是，设计的产品必须满足市场的需求，这是设计与艺术最重要的区分点。但通常情况下，很多的 UED 部门很难兼顾产品的用户价值和商业价值。举例来讲，在对新应用进行宣传时，UED 部门的员工会把宣传的重点放在产品使用方面，重点介绍产品是如何的好用、易用，但公司却有不同的诉求，更希望员工向用户灌输产品具备怎样强大的功能，能够满足用户怎样的需求，公司希望通过这种方式来增加产品的商业价值和用户价值，但是顾客对这种方式并不买账。

再比如，一些热门网站会增加过多的新闻或广告，如图 3-4-2 所示。过多的信息资料带来了不利影响，一是影响了顾客搜索自己的需求信息，二是过多的信息也容易造成网页的卡顿，给用户不好的使用体验，可能会导致顾客关掉网页的情况。

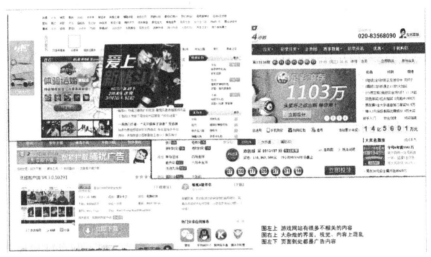

图 3-4-2　过多新闻或广告的网站页面

在各类行业、各个部门和各种项目中，都有可能出现产品用户价值和商业价值难以兼顾的问题，二者之间的矛盾是一个复杂的问题。

如图 3-4-3 所示，是《策略与领导》（Strategy&Leadership）一书中的一张图表：商业价值的演进，横坐标是衡量产品价值的变量，纵坐标是产品的竞争力差异化。从图表中能够明显地看出，位于最后阶段的感受体验，其附加值最高，这也是商业价值追求的环节。通过分析纵坐标，我们可以得出这样的结论：想要增加产品的竞争力，必须增加产品的差异化。概括来讲就是，必须使产品具备明显的特色，尽可能满足不同用户的需求，进而增加产品本身的用户价值。在此环节，用户体验是至关重要的，直接影响着用户价值的提升，用户体验越好，越能留住用户或者带来更多用户，商业价值也会越高。

通过分析可以看出，用户价值的提升离不开良好的用户体验。用户体验是解决产品商业价值和用户价值矛盾的关键，只有提升用户体验，才能平衡二者关系，实现双赢。这也对用户体验设计师提出了更高的要求，用户体验设计师必须调研、分析用户与产品、系统、服务的接触点，确立合理的商业目标，在此基础上进行产品设计，只有这样设计的产品才具备实用性和吸引力。

图 3-4-3　商业价值的演进

四、用户体验的分类和设计目标

体验方面的研究是一个复杂的问题，涉及多学科领域，比如哲学、心理学、美学、经济学等。再加上不同的专业领域，侧重点也是不同的，这就造成了在体验的定义和分类方面，国内外存在明显的差异。

单就设计领域来讲，心理学是一个不错的切入角度，心理学更关注体验个体的主观感受。用户在接触了外界之后，会在认知、感知和动机三方面生发出个人感受。1999 年，伯而尼·H. 希尔尼特（Bernd H.Schirnitt）深入研究了心理学、个体顾客实践理论，参考了顾客的社会行为，提出了"战略体验模块"的概念，这一概念将体验进行了类别划分，总共分为五种不同的类型，依次为感官体验、情感体验、思考体验、行动体验和关联体验。人本身会有视觉、听觉、触觉、味觉和嗅觉的感官，感官体验就是感官产生的体验信息；情感体验主要指的是顾客在使用产品或者服务时，产生的内心感觉和内心情感；思考体验强调顾客与产品交互过程中，顾客对产品的认识，在体验产品服务的过程中对产品性能的整体印象；行动体验主要指的是在一定时间内，用户自身对行为方式和生活方式更深层次的体验；关联体验则涉及感官、思考等多种体验，是一个综合概念。

体验经济时代的到来使得用户的体验需求发生了改变，更高层次的信息需求成为用户体验需求的新目标。通常情况下，只有浅层次的需求被满足了，才会对更高层次的需求有要求。B. 约瑟夫·派因（B.Joseph Pine）和贾姆斯·H. 吉尔摩（Jarmes H.Gilmore）通过对人的积极参与度、消极参与度、吸引和浸入状态之间关系的研究并以此把体验分为 4 分类：娱乐体验、审美体验、逃避现实体验和教育体验，如图 3-4-4 所示。

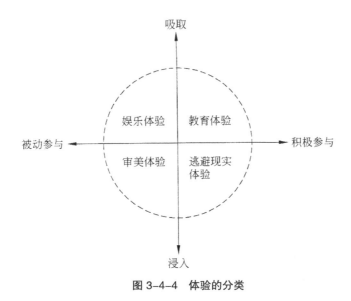

图 3-4-4　体验的分类

　　研究对象会对体验的分类产生影响。通过对顾客体验层次的研究，部分学者对顾客体验进行了更详细的划分，依次为消极体验、无体验、低度体验、中度体验和高度体验。

　　对于用户体验的研究主要集中在以人机工程、交互设计为代表的设计研究领域。美国信息交互设计专家内森·谢卓夫（Nathan Shedroff）对体验设计的定义是"将消费者的参与融入设计，使消费者在商业活动过程感到美好体验的过程"。从这一定义中，我们可以分析出体验设计的核心，即重点关注用户的主观感受，使产品更生动、服务更贴心，从而给用户更好地使用感受，使用户的体验更完善。

第四章 博物馆与特殊人群的交互设计应用实践

本章节内容为博物馆与特殊人群的交互设计应用实践，分别对博物馆的信息传达服务、视听障碍者的群体特性、博物馆无障碍设计的信息交互性、面向视听障碍者的博物馆无障碍设计建议四个方面进行了全面论述。

第一节 博物馆的信息传达服务

一、博物馆的信息传达功能

博物馆是收集、典藏、展示和研究代表自然和人类文化遗产真实物品的公共场所。博物馆会把珍藏品划分不同的类别，重点研究那些具有科学研究性、历史文化性以及艺术价值的珍藏品。博物馆从某种意义上来说是为公众提供教育和科研知识以及鉴赏历史文化的教育机构、文化建筑的公共场所或者社会公共机构。从这一层面上来讲，博物馆是具备信息传达功能的。为了更好地进行信息传达，博物馆可以充分利用虚拟现实技术，通过这一技术可以实现博物馆与参观者的互动，激发参观者的兴趣。除此之外，在实体博物馆基础上，还可以建设数字化博物馆。数字化博物馆对于视听障碍群体和老年人是非常方便的。博物馆是公众文化信息传播的载体，需要更好地进行信息传达。

（一）信息传递的公平性

博物馆具有重要的功能，一方面，能够保存先祖遗留下来的人类知识与经验财富，另一方面，能够引导人类探索自然知识、了解世界文明起源，不仅如此，还能服务于人类终身研习知识、促进社会和谐发展。弱势群体的文化学习权利是存在很大的改善空间的，博物馆可以充分发挥自身优势条件，保障弱势群体享受文化的权利，在一定程度上实现文化的公平。针对文化的深层次传递，其信息传递方式也将更加的多样化，既有实物橱窗、图像文字、场景还原等比例缩放、影音播放等方式，还有现代化的数字博物馆的方式，使珍藏品的呈现方式更新颖和直接。充分利用传统的传承文明方式和现代的文化娱乐方式，进一步满足大众的文化生活需求。对于残障人士来说，获取信息也更为方便快捷。博物馆担负着社会教育的职责，能够提供一定的文明信息，促进社会发展。博物馆能够促进资源整合，进一步弘扬中国文化。

（二）数字化媒介展示设计的无障碍信息传达

实体博物馆中已经具备了数字化的媒介设计，使得信息传达的方式更加的多样，数字博物馆与实体博物馆场地存在形式还是有差别的。科技的进步推动着社会的发展，博物馆全球化网络发展成为势不可挡的发展潮流。数字博物馆与实体博物馆相辅相成，二者存在紧密的关系。数字博物馆具备自身优点，比如实体信息虚拟化、展品资源数字化、信息传递网络化、信息共享化、信息展示多样化等，其中最重要的就是可以将实体博物馆的信息虚拟化。通过虚拟模式实现实体博物馆的职能，通过 3D 模拟仿真形式展示展品，使得展品转变为可触摸式，更好地服务于视听障碍群体或大众。如图 4-1-1 所示，在实体博物馆的空间设计、藏品展示基础上建设数字博物馆，有助于开拓实体博物馆的发展空间、拓展实体博物馆的功能。现代化的数字博物馆和 3D 还原打印技术发挥着重要的积极作用，利用科技手段能够将实物展品的触感真实地还原出来，能够模拟真声和重现情景，让视听障碍群体获得真实、直观、具体的感受。通过可触化和智能化的转换，增加展示的方式。

图 4-1-1 首都博物馆网上体验馆

数字博物馆正朝着融合实体陈列和虚拟空间的方向快速发展，这也是数字博物馆发展的必然趋势。（1）数字博物馆的建设将远超于实体博物馆，将整个社会的发展趋势融入社会和文化生活中，各种能力、科技知识都可以参与扮演一个重要的角色。（2）博物馆的数字图像将更形象地教育和提供所需要的社会和文化信息，促进社会的发展，成为社会教育的主要力量。（3）数字博物馆将采取更丰富和更廉价的形式，传承文明娱乐，满足人民日益增长的文化生活的需求。（4）数字媒介的产生创建和发展的博物馆主体将转移到参观者，双向或多向的交流模式将取代单向传输模式，不久的将来也许出现许多个性化的"个人"博物馆。（5）数字博物馆的特点，体现资源共享和资源整合到一个大平台，中国文化的传播和文化认同的培养，成为一个中坚力量。

数字博物馆具备先进的技术，能够将文化信息进行更人性化的转换。数字博物馆提供的平台更加的先进，对视听障碍等弱势群体来说是非常有利的，可以让不便于出行的人群通过数字博物馆了解博物馆，获得相关的信息，丰富视听障碍群体的参观体验经历，这在一定程度上能够增加参观者对博物馆的认同感。数字博物馆的展示方式更加的多元，使视听障碍者在参观浏览的过程中，能够通过视觉、听觉、触觉、嗅觉等多感官，参与到博物馆的展览中。

二、博物馆的无障碍服务

作为社会机构的博物馆具有公益性，目的是为了满足大众文化需求，博物馆发挥着信息收集、科学研究和教育的重要作用。无论哪个国家的博物馆，都肩负着服务所有社会公民的责任，其中就包括需要关照的残障人士或弱势人群。博物馆为了更尊重和关爱社会残障弱势群体，专门开展了为残障人士配备的博物馆无障碍基础设施建设，这一举措有助于社会残障弱势群体平等地参与社会文化生活，同时也体现了博物馆"以人为本"的服务理念。

博物馆无障碍设计的基础建设任务是一项复杂的工程，这是因为博物馆是公众性的文化机构：作为大众都熟识的公共活动场所，必须严格要求建筑空间无障碍；作为大众文化传播的公益型机构，必须严格要求信息传递和交流无障碍；作为公众性教育科研文化的机构，必须要求文化知识教育学习无障碍。所以说，博物馆的无障碍设计基础建设是一项复杂而艰难的任务，这项任务涉及多个方面，必须做好全面的规划。一是博物馆室内包括参观大厅、展厅、藏品收藏存库区、展品陈列展示区、技术数据库房及办公室等区域，根据国家相关法规，做好建设初期规划；二是博物馆经常举办临展或特展，展览中包含教育互动和人工讲解等多项活动项目，不仅如此，还包括适合观众参加的动手项目。在参观博物馆时，参观者可以选择适合自身的无障碍设计体系，既能学习到文化知识，也能感受到博物馆提供的无障碍贴心服务。

第二节　视听障碍者的群体特性

一、视听障碍者的界定

残疾人指的是在心理、生理或人体构造方面，存在某种组织上或功能上的缺失或异常，全部或部分功能丧失，无法以正常程序从事某种活动能力的人。《中华人民共和国残疾人保障法》规定了相关的残疾标准。残疾人的范围是比较广泛的，具体来讲包括视力能力障碍、听力能力障碍、语言能力障碍以及肢体残障、智力残障、精神残疾、多重残疾和其他残疾这几大类。我们平常生活中所说的视听障碍者，就是在一些方面存在异于常人的表达方式或者是行为模式。

本文涉及的"视听障碍者"，主要指的是视力残疾和听力残疾两方面。视力残疾主要指的是由于各种原因，造成双眼视力障碍，或者使得双眼视野缩小，不能通过药物、手术和其他方法恢复视觉功能，难以从事常人所能从事的工作、学习或者其他的活动。听力残疾主要指的是由于各种原因，造成双耳不同程度的听力丧失，听不到或是听不清周围的环境声和言语声，治疗一年以上也没有恢复听力功能。我国的残疾人中大部分都是视听障碍者，所以，这里主要分析视听障碍者这一群体的特性。

二、视听障碍者的群体特征

视听障碍者在听力、视力方面存在一定程度的缺陷，或者是自由活动能力受到一定阻碍的残疾人。通常情况下，在感受生活和了解社会方面，视听障碍群体是存在不便的，需要社会给予相应的帮助。

正常情况下，人的视力和听力随着年龄的增长也会逐渐衰退。尤其是看近处物体时，眼睛聚焦困难，则表明视力下降了。年纪较大的人群中，经常会出现视力下降恶化，从而影响正常生活的残障问题。年纪越大，听力衰退得越厉害，严重的情况下可能需要借助助听器等工具。某些行为也会出现迟钝，记忆力和注意力下降，导致学习能力衰退。很多人退休之后，心理情绪方面受到影响，再加上身体机能衰退，会倍感孤独和空虚。

（一）生理特征

人们通过眼睛看到光和事物。正常情况下，常人的视觉能够看到周围的环境和事物，对眼睛接收到的光源和色彩的变化进行分析。视觉的概念涉及多种能力，比如视力、视野、色觉、光觉、屈光以及眼睛调节的能力、眼球活动的能力、两眼聚焦的能力等。从生理特征层面来分析，视听障碍者存在身体机能的缺陷。从生理学意义上来讲就是丧失部分身体机能或者部分机能失常，导致暂时或永久的身体残障。一般来讲，视觉残障包含两部分病症，既包括视力、视野的功能性障碍也包括视觉的狭窄、色觉的异常等问题，换句话说，也就是说因为眼球的异常运动导致的残障也属于视觉残障。国内视力残疾标准包括（表4-2-1）：

表 4-2-1 视力残障的级别分类

视力残疾分类	盲	低视力
一级	最佳矫正视力≤0.02，或视野半径＜5度	最佳矫正视力≥0.05，而＜0.1
二级	最佳矫正视力≥0.02，而＜0.05或视野半径＜10度	最佳矫正视力≥0.1，而＜0.3

我们知道，振动会产生声音，声音经过空气媒介的传播，传递到人耳里面，大脑的听觉神经会对其进行分析。如果听觉残疾是听觉传递系统出现问题导致的，那么其中的原因可能包含两方面，一方面是传音性弱听，另一方面是感音性弱听，如果两方面同时出现问题，那么就会出现弱听的情况。听力弱听分类包括（表4-2-2）：

表 4-2-2　弱听传递方式分类

项目分类	弱听传递方式
传音性	声音透过空气等媒介产生的物理振动的传播部分
感音性	将物理振动产生的转变，变为信息传达至大脑中枢系统的部分

听力残疾分类包括（表 4-2-3）：

表 4-2-3　听力残疾级别分类

项目分类／等级	一级	二级	三级	四级
听觉系统的结构和功能	极重度损伤	重度损伤	中、重度损伤	中度损伤
	平均听力损失 ≥ 91dBHL	平均听力损失在 81~90dBHL 之间	平均听力损失在 61~80dBHL 之间	平均听力损失在 41~60dBHL 之间
无助听器情况下的障碍程度	无法依靠听力交流	理解交流重度受限	理解交流中度受限	理解交流轻度受限

（二）心理特征

残障人士由于自身身体存在缺陷，异于常人，一方面使得残障人士不愿意外出，另一方面也使得残障人士外出非常困难，需要借助外力的帮助，才能正常地出行活动。毫无疑问，残障人士在一定程度上承受着周围环境和身体机能带来的压力，给残障人士的心理带来了不利影响，残障人士往往比较自卑，也不愿意麻烦他人。在日常生活中，视听障碍者或年长者不愿意出门，随着年纪增长，出门次数更是越来越少。一方面是因为自身身体体质下降，出门活动不方便，另一方面，也因为自身存在视力或听力下降等生理缺陷，使得这些群体比较敏感、自卑，不愿意与他人接触。长此以往，因为身边无人陪伴，无人说话聊天，视听障碍群体容易产生心理问题，比如焦躁不安、寂寞空虚等，这些心理问题是多方面的原因造成的，生理因素、环境因素和个人性格因素都是造成这一心理反应的潜在因素。

想要解决视听障碍群体的心理问题，改变视听障碍群体的生活环境是非常有必要的，同时，他们的家人从内心深处接受他们并给他们鼓励也是非常重要的。不仅如此，社会大众在面对视听障碍群体时，也应保持平常心，不要戴上有色眼镜看待他们，在他们需要的时候，给予他们适当的帮助。只有这样，视听障碍群体才能更坦然地面对社会，才愿意走出家门，与他人沟通，这样才能有效缓解他们的心理压力。而去博物馆参观对于视听障碍群体来说，也是一条不错的与社会接触的途径，这就对博物馆工作人员提出了更高的要求，需要工作人员研究视听障碍群体的心理，在参观博物馆的过程中，能够帮助视听障碍群体释放心理压力，促进博物馆人性化发展，更好地服务于社会大众。

（三）感知特征

视觉、听觉、触觉、嗅觉、味觉构成了人体的感觉系统，人类通过感觉系统和记忆经验，对外界刺激做出相应的反应，这就是我们所说的感知。人体通过感觉通道，获取客观世界的信息，然后进行加工整合，将整合后的综合信息传输给大脑，就形成了我们对客观世界的认知。外界通过对人体器官进行合理有效地刺激，就会使人体产生感觉，当然，如果刺激过小，人体器官是无法感知到的；如果刺激过大，人体器官也会造成损伤。

普通人通过视觉通道来获取信息。对人类来说，获取事物的形状、大小、颜色以及运动状态等信息，主要通过视觉来完成，不仅如此，判断物体的空间关系，也可以通过视觉来完成。人类获取外界信息的另一个重要通道就是听觉通道。对于人类来说，获取声音、音色、频率等信息的主要通道就是听觉通道。除此之外，人类获取外界信息的其他重要通道还有触觉通道，获取事物的形状、大小、材质、温度等信息，主要通过触觉通道。人类感知事物的味道，主要通过味觉和嗅觉来完成（图 4-2-1）。

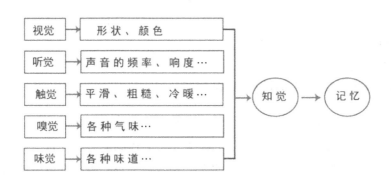

图 4-2-1　正常人的认知过程

视障者视力存在一定的缺陷，难以通过视觉获取信息，获取信息的渠道主要是听觉、触觉、嗅觉和味觉，视障者通过听觉、触觉、嗅觉和味觉获取到感知信息，再结合自身已有的记忆经验，大脑对信息进行整合重组，从而形成特殊的认知（图 4-2-2）。当视障者的视觉受损或丧失后，其他的感官功能会在一定程度上增强。视障者获取外界信息的重要感觉通道就是听觉和触觉。以全盲者为例来分析，全盲者一般会凭借盲杖进行外出活动，利用盲杖敲打地面，全盲者仔细辨别盲杖敲打发出的声音和振动，以此来获取听觉和触觉信息，从而判断周围是否有障碍，是否可以通行，这样全盲者就可以借助盲杖实现出行。对于全盲者来说，进行"阅读"的重要渠道就是触摸盲文，获得触觉信息来完成的。

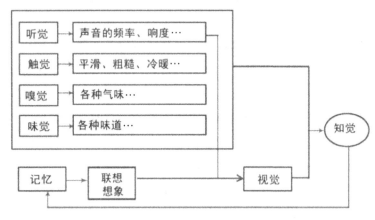

图 4-2-2　视障者的认知过程

视障者通过听觉和触觉来获取信息会存在一些问题，比如，通过听觉，无法获取物体形状、距离等信息；通过触觉，无法感知事物的复杂性和整体性，无法感知触觉范围之外的事物。所以说，视障者很多时候没有办法全面客观地认识事物，获取的事物信息也不够准确。

三、视听障碍者参观博物馆的需求分析

我们越来越清楚地认识到，对于视障者和老年弱势群体来说，自由活动或独自外出是非常不方便的，这是由于他们缺乏完整的控制能力，导致他们的生活活动受到了一定的局限。一些年纪较大的人群和残障者身心机能低下，他们在日常生活中因为残障存在许多不便之处。为了更好地帮助这类群体进行日常活动，可以利用一些辅助工具，比如轮椅、助听器等，代替他们身体缺陷的部分，使他们的身体机能获得一定程度的完善。无障碍设计的问世，使得高龄者和残障者能够借助轮椅去电影院看电影，使听力障碍者也能够享受到电影和电视，这在一定程度上促进了社会的公平。凭借现在先进的科学技术，可以为这类群体提供更多的轮椅坡道，帮助这类群体进行博物馆参观，在参观博物馆的过程中获得乐趣和意义。举例来说，针对视觉障碍者，博物馆可以专门为这类群体创建音频展览会。博物馆可以在这方面多做一些努力，克服限制参观博物馆的困难。

博物馆要更加注重视听障碍者心理感受和情感交流的人性化设计，这也对设计师提出了更高的要求。在视听障碍者人性化设计方面，设计师可以制定相关的策略，在常规问题和程序上更好地服务于残障人士。更重要的一点是，需要将所有类型的弱势群体纳入设计考虑范围内，做到尊重所有参展的观众，使观众感受到真诚的欢迎和服务，不能持有居高临下的态度，也不能对视听障碍者过分关注，这类举动都会刺伤视听障碍群体的自尊心，给他们带来心理压力。这就需要把握好对待弱势群体的服务态度。博物馆在无障碍建设方面也需要制定相应的政策，在参观博物馆的过程中，允许视听障人士携带自己的个人设备，博物馆提供相应的辅助设施和服务，更方便快捷地服务于观众。博物馆要确保制定的政策、程序是人性化的，使视听障碍者感受到和常人一样的尊重。博物馆还要选择正确的方式与视听障碍者进行沟通，将这类群体的残疾问题考虑其中，这就需要加强对博物馆员工、志愿者的培训，培训内容包括专业培训、手语培训和心理培训等，使他们掌握与残障人士沟通的方法。

在与博物馆的承包商、其他公众或是第三方沟通时，博物馆代表可以就客户服务和标准进行商谈，比如，陪同残障人士的导盲犬或其他服务类动物问题。博物馆不仅应该关怀与照顾视听障人士和弱势群体，还应该尊重他们的尊严和人格。用热情的态度欢迎残障人士的到来，对于他们身体的残疾不要过分关注，更不能指挥他们如何去做。协助残障人士学会相应的能力，使他们能够独立自主地参观，让他们树立信心。博物馆要通过正确的方式帮助残障人士，在对博物馆工作人员开展培训的过程中，需要把使用轮椅或拐杖的内容加入培训中去，让工作人员感同身受，能够站在视听障碍者的角度思考问题。

在社会大环境下，博物馆对残障人士的服务只是很小的一部分。社会公众应该加强无障碍主观意识，正确地对待和尊重残障人士，为残障人士提供力所能及的帮助。国家相关管理部门也应加大对无障碍形式的宣传，完善无障碍体系，制定无障碍国家标准和规范，有效落实无障碍建设，保障残障人士的权益。

第三节　博物馆无障碍设计的信息交互性

现阶段，博物馆展览的形式主要是展品加上标签文字解释的形式。这种展览形式只能适用于正常参观者。对于博物馆的导览解说而言，也是面向的听觉和视觉正常的参观者。对于视听障碍者来说，这样的导览形式是没什么用的，视听障碍者难以通过这种形式获取相应的博物馆展品信息。为了确保视听障碍者享受到平等的欣赏艺术和体验文化的机会，博物馆应具备信息传递的无障碍设计，所以，设计师应该格外关注博物馆信息传递的无障碍问题，将其纳入设计范畴内。

一是定制印刷两种专门的宣传册，一种是正常的图文版，另一种是盲文版。宣传册包含博物馆的相关介绍和相关的展品信息，盲文版的宣传册配上盲文的解释说明。为了更好地服务于视力较低的参观者，博物馆可以在展厅内配备上放大镜。二是配备数字化的语言导览系统。对于视觉障碍者，改动常人的讲解模式，准备专门的讲解资讯录音，在讲解博物馆的展览内容时，要保证导览系统的语言生动、音调亲切、形象清晰，让收听者感觉很亲切，在此基础上还可以配上优美的音乐，增添讲解的美感。导览系统最好应用可自动、准确定位的模式，方便参观者边参观边听讲解。三是将一部分展品或仿制品变成可触摸式，视觉障碍者通过触摸展品，能够获得更直观的感知，大脑充分发挥空间想象能力和造型能力，使视觉障碍者获得的感知更形象具体。四是针对听觉障碍者，可以把博物馆和展览的讲解稿交给他们，也可以为他们提供手语导游服务。博物馆可以通过招募志愿者的方式来选择合适的手语人士，听觉障碍者提前预约，志愿者为其参观提供相应的协助。

一、信息导向与提示方式

博物馆入门大厅设置大型参观访问平面图，也可能是电子指示立牌，这类辅助地图的功能主要是在线指导，能将视听障碍者所处的位置和特征显示出来，为视听障碍者提供一个特制的在线展览引导系统。这一引导系统支持博物馆导向视频的播放，不仅如此，引导系统还包括了手语内容。导向视频可以无线下载，可以将其导入个人的电脑、iPad 和 MP4 等电子设备中。在线展览引导系统记录了博物馆的每一个展厅，包括对展厅的解说视频。这一引导系统面向所有参观者开放，在参观过程中，参观者可以利用这一系统进行同步导向，可以在系统内找到博物馆的所有藏品的解说。另外，系统内还记录了各种各样的目录和手语解说，可以更加详细地研究博物馆的收藏品。这一系统也非常便于视觉障碍者使用，这主要是因为系统包括音频的指南，视觉障碍者通过系统人声的解说，可以获取更详细的藏品信息。

　　博物馆还可以面向视听障者提供实物或模型，供其进行触摸体验，或是把藏品实物做成仿真模型，视听障者可以将自己想要体验的模型买回家进行收藏。通过一系列措施，可以让视听障者在参观博物馆时，获取更清晰的导向信息，获得更真实的体验，比如可以增加手语解说、盲文翻译或是触摸体验等。除此之外，设计者还可以将触摸式地图引入博物馆，触摸式地图最大的特点就是具备纹理和3D功能，这便于视觉障碍者通过触摸地图了解博物馆的布局，获得相应的指引与导向（图 4-3-1）。这是博物馆为视听障者提供的全方位体验服务，通过这项服务，能够使视听障者获得全面的信息导向与提示。

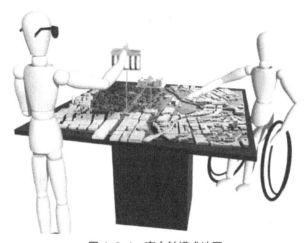

图 4-3-1　盲人触摸式地图

二、信息传达与受众人群接受方式

　　博物馆的观众是多种多样的，他们在年龄、性别和身体适应能力等方面存在着差异。视听障群体也具备不同的生理情况，所以，对于视听障群体来说，各自接受的传达方式也各有差异。对于视觉障碍的人群来说，为他们提供听觉、触觉方面的帮助是非常有必要的；对于听觉障碍的人群来说，为他们提供视觉上的帮助是非常重要的，这有助于他们获取信息。博物馆可以探索信息要素的多样化传递方式和展示方式，将无障碍设计和系统的交互手法联系起来，使视听障者尽可能地参与其中，进而使信息得到最大化的传达。现阶段，在社会群体中越来越流行平板电脑，这也使得触摸屏技术得到了快速发展。通过互联网技术，观众可以观看展品的照片、视频，也可以获取相关的资料。通过数字化的虚拟模式，可以将实体博物馆的信息更真实地反映出来。例如，参观者进入首都博物馆，可以通过触屏的导航系统，了解各展厅内容、资料和信息。

综合来看，博物馆必须遵守满足人的需求的原则，在信息传达方面，以观众的需求为活动原则。在选择受众群体的接收方式方面，选择更加人性化的方式。科学技术的进步使得博物馆的展示模式发生了改变，由单一的给予转变为信息交互。同时，科技也在逐步完善博物馆的无障碍信息传递，使得博物馆的设计更加的人性化，极大地推动了博物馆未来信息传达的无障碍化发展。

第四节　面向视听障者的博物馆无障碍设计建议

一、现有博物馆设计实际案例分析

通常情况下，针对视听障者，博物馆会提供无障碍电梯，方便视听障者避开流动人群，也避免了攀爬楼梯，有助于视听障者参观浏览。但是，很多情况下，视听障者很难找到这些无障碍电梯，往往迷失于楼层与楼层之间。为了便于楼层与楼层之间、展馆与展馆之间、人与人之间的交流互动，可以在博物馆内设立无障碍的开放空间，比如将博物馆内所有通道和楼梯做成宽度和高度适当的缓坡道，这样的设计形式更加便于视听障碍者活动。我们有必要在进行博物馆无障碍设计时，融入现代的设计观点和思维模式，从更深的层次认识信息传达、交互设计和人性化设计，在博物馆内充分展现无障碍设计的魅力，更加符合人的需求。充分分析视听障者的生理行为、心理需求，重视视听障群体的真实诉求。为了更好地实现博物馆信息交互和文化传播，必须在博物馆内应用无障碍设计，为视听障者参观博物馆提供便利。

（一）空间无障碍设计

在越南河内博物馆的室内建筑中，设计了比较简单的螺旋形坡道（图 4-4-1）。一方面，螺旋形的坡道与以往的楼梯和电梯相比，有明显的差别，螺旋形的坡道在空间层次和意识形态方面更加的丰富和立体。对于残障人士来说，螺旋形上升的坡道设计更加便于轮椅的使用，而且无障碍的坡道设计连接着馆内的各个展厅，方便参观者参观展览。另一方面，河内博物馆的空间设计更加先进，在场馆的开放性、无障碍性、延展性和人员流动性方面更具优势。现代化的个性设计体现在博物馆建筑空间的各个方面。

图 4-4-1　越南河内博物馆螺旋型坡道设计

（二）沟通交流无障碍设计

在与视听障者沟通交流方面，博物馆还存在很多的不足，需要采取有效的措施来加强与视听障者的沟通，了解视听障群体的需求。举例来说，首都博物馆采取的一系列便于听力障碍者参观的措施就很有可取之处，首都博物馆配备了多样化的讲解方式，还有通过租用的方式提供各种助听器。听觉障碍者可以在工作人员的带领下参观展品，而且每个展厅都有充足的光线或配备足够的灯光，这样听障人士就能很清楚地读懂唇语。另外，博物馆的解说人员还随身带着书写工具，方便随时和听障人士沟通。通过首都博物馆的官网，还可以实现提前预约，官网会将每天各时间段的展览活动详细列出，参观者可以提前了解所需要的信息，视听障者也可以提前预约自己感兴趣的项目，也可以与博物馆进行提前沟通，表达自己的参观需求。现阶段，博物馆已经具备了很多便于视听障者参观的数字多媒体技术，比如多通道环幕投影、幻影成像技术等（图 4-4-2）。

图 4-4-2　数字多媒体技术

再比如英国国家滨水博物馆的无障碍交互设计就颇具优势。将手语识别系统应用在博物馆的互动展示区，能够让残障人士享受到高科技带来的趣味性和便捷性。严格意义上来讲，英国国家滨水博物馆是英国第一个采用多语言系统包括手语在内的互动技术的博物馆。文化传播不分受众，在享有了解文化和传播文化的权利方面，残疾人和正常人拥有同样的权利。这就要求社会做出更多的努力，为残疾人提供更多的便利，在服务设施方面应用无障碍设计理念。

（三）使用（导向性）的无障碍设计

对于视听障者来说，博物馆的无障碍设计意义重大，发挥着重要的导向性作用。引导视听障者参观博物馆是非常重要且有意义的。在博物馆无障碍设计的导向性方面，德国的梅赛德斯·奔驰博物馆可以说是非常先进的（图 4-4-3）。

图 4-4-3　梅赛德斯·奔驰博物馆

奔驰博物馆在建筑设计初期，就充分考虑了残障群体的参观需求，在馆内做了非常到位和细致的无障碍设计。首先在博物馆的入口处，针对残障人士设计了不用排队的特别售票窗口。然后进入博物馆大厅后，参观者可以随着馆内空间独特的动线设计进行参观。不仅如此，坡道设计遍及建筑外部和博物馆内部，这样的设计有助于轮椅的推行。坡道连接着各个展厅，方便残障人士参观不同的展厅。博物馆地面使用特殊的防滑材料，坡道设计得更加有宽度，方便轮椅者通行，通道中央还设有平台以供参观者驻足休息。博物馆的参观路线具有明显的导向性，为了方便残障人士坐轮椅通行，展厅还配备了升降梯，为残障人士上下楼提供便利。除此之外，博物馆还为残障人士配备了专门的洗手间，充分考虑了残障人士的需求，在空间设计上体现无障碍设计。针对听觉障碍者，博物馆配备了红外线助听器，将导航导向性功能设置在助听器内，残障人士可以利用助听器进行合理的参观。

（四）信息交互功能无障碍设计

博物馆内信息交互功能的无障碍设计是非常重要的，接下来通过具体的信息交互案例来说明这一点。例如，为了让听觉障碍者享受音乐和声音的魅力，深入贯彻"无障碍音乐博物馆"的理念，德国的卡塞尔市施波尔音乐博物馆和卡塞尔大学的音乐学院进行了合作。在日常生活中，我们见到的听觉障碍者往往是后天原因造成的，并不是先天性的耳聋，这类听觉障碍者很可能之前听见过音乐或声音。其中仅仅有 1% 的听觉障碍者是完整的听力受损，完全听不到声音，其他听觉障碍者可以借助助听器听见声音。所以说，听觉障碍者通过合适的方法，可以像常人一样感受到声音和音乐的魅力。

音乐产生于不同音频发出的振动，人们感受音乐主要通过人体的感官进行，耳朵并不是唯一的决定因素。基于此，针对听觉障碍者，他们在博物馆里创造了特殊的乐器，这个乐器由各种鼓组成，然后将不同国家、著名作曲家的曲谱制作成低频的振动，最后传送到乐器上。不同的鼓面会产生不一样的振动，这样一来，曲谱可以通过振动的形式，在乐器上发出复杂的交响乐旋律。对听觉障碍者来说，他们也能通过振动的音频，体会到音乐传达的独特旋律。不仅如此，听觉障碍者还可以通过视觉享受音乐。设想这样一幅场景：在博物馆特制展馆内，音乐旋律响起，工作人员通过身体律动指挥交响乐团，身体随着音乐的律动是富有节奏感的，这些身体语言能将音乐家对音乐的理解体现出来，听觉障碍者也能因此感知到音乐的律动。除此之外，科研人员还准备了特制的水箱，将音乐播放的振动传递到特制水箱中，通过水面的振动、水滴跳动的高低，将音乐的律动和声音的活力很好地表达出来。还可以创造通过视觉效果反映音乐的艺术手段，通过可视化的演出呈现出视觉效果。可以选取光影、色彩或是纹路等视觉效果，将音乐特性通过视觉效果渲染出来。还可以将手语元素融入现代摇滚乐队的音乐录影带中，这里需要注意的是，能够帮助听觉障碍者理解音乐，体会音乐独特魅力的形成元素都可以纳入无障碍设计中。

二、无障碍设计在博物馆面向视听障者的应用

在整个设计体系中，无障碍设计并不是处于核心位置，人们在设计初期也容易忽视无障碍设计，无障碍设计的价值往往体现在与建筑相关联的时候。从某种意义上来说，社会对视听障群体的关怀能通过无障碍设计体现出来。不同的博物馆，在无障碍设计方面也是存在差异的，各具优缺点。通过具体分析博物馆的无障碍设计，能够准确体会博物馆面向视听障群体的人性化关怀。

（一）博物馆参观流程分析

博物馆需要在入口处融入无障碍设计理念。举例来说，通常情况下博物馆会设计具有历史感、高大威严的大门，而且大门前会设置许多级台阶，正常人爬完这些台阶都会感到很累，更不用说残障人士了。博物馆要做到无障碍设计需要在大门处设置无障碍阶梯，此外，还可以在大门处设置缓缓上升的坡道，这样做有助于视听障者参观博物馆。如图 4-4-4 所示，在博物馆的正门入口处，还应设置感应式自动景区开关门，或者是无障碍式的自动检票入口，同时针对残障人士，还要配备电梯。在博物馆的大厅，设置博物馆全馆平面图，也可以设置电子指示立牌，还可以设置电子地图，这类地图主要起辅助作用，主要功能为在线指导。举例来说，香港的某大型商场，其内设置了声控触摸式辅助地图，另外还设置了语音导向系统，为消费者提供在线指导。当人们站在机器面前时，人工系统就启动了，开始为消费者提供服务。消费者只需要说出去哪里，相应的人工服务就会为消费者提供地图指导。除此之外，在指示系统仪器旁边，博物馆还需要设立人工服务台，一些参观者可能不会使用电子地图，这时就会向人工服务台寻求帮助和咨询。服务台的设计也可以更加地人性化，服务台一侧可以适当降低高度，这

样一来，使用轮椅的残障人士和老年人坐着也能和员工进行互动。为了更好地引导和帮助人们参观博物馆，博物馆可以招募一定的志愿者，为参观者提供更好的服务。

博物馆提供的在线展览引导系统或语音导向系统是与实体博物馆同步的。系统支持手语同步播放，包含博物馆导向的视频短片，为参观者提供导向服务。利用自身携带的播放工具就能下载这些导向视频，这些视频不仅包含博物馆展厅路线图，还包括展品的资料信息，通过导向视频能够清楚了解博物馆的参观流程，同时也能将博物馆的信息资源进行整合。

图 4-4-4　温哥华罗布森广场

在早期设计建筑时，博物馆的参观动线流程设计有着重要的作用，博物馆的展厅功能分区与设计也取决于博物馆的动线流程设计。博物馆整个空间的流动节奏和展览的展出内容与博物馆参观的动线设计存在紧密的联系。对于视听障者和年纪较大的参观者来说，他们参观博物馆的速度是非常慢的，需要比较长的时间来停留和理解展品，所以说博物馆要合理布局序厅、展品陈列的重点以及展厅的出入口。在规划参观博物馆的动线时，需要做好无障碍设计，全面考虑展厅的面积、展品的物品体积、通道的宽度长度、参观的人流量等。避免出现因参观人数过多导致通道过窄，从而使参观人流无法移动。而且对于视听障者和老年人来说，一旦处于人多且狭窄的空间内就会感到不适。

在规划博物馆参观流程时，尽最大可能避开逆流和交叉的情况，这就对博物馆设计师提出了更高的要求，设计师在设计时应该意识到引导性参观动线的重要性，能够帮助参观者更快地识别展览空间。可以交替运用展览形式，比如将图文展板、藏品展柜等陈列形式与网络交互、参与互动、场景重现等模式进行合理搭配，同时配合灯光照明，合理控制展览动线，使参观者保持张弛有序的参观节奏，能够关照到参观者，特别是视听障者的情绪。不仅如此，也能将博物馆的空间意识形态与参观者进行有效结合，使得博物馆和参观者能够共赢。

进一步梳理博物馆空间设计和无障碍设计的信息资料，在进行博物馆无障碍设计时，充分考虑视听障群体的行为特征，让交互设计满足参观空间、动线和信息传递的要求，保障视听障群体能够正常参观博物馆，在参观过程中，能够获取自身想要的信息。视听障者在信息引导下，能够更顺畅地参观博物馆（图 4-4-5）。

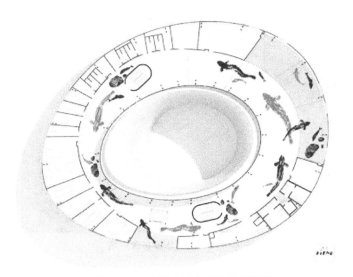

图 4-4-5　上海世博会芬兰馆动线图

（二）视听障群体引导图

对于视听障群体来说，博物馆的无障碍设计具有重要的意义，无障碍设计能够引导视听障群体进行更安全、舒适的参观。将无障碍设计融入博物馆的空间设计，使得视听障群体获得博物馆的参观动线图，动线图规划了视听障群体从入口到大厅到展厅的序厅、正厅和出口再到下一个厅的路线流程，符合建筑无障碍设计的标准。如图 4-4-6 所示，博物馆的入口处设置了缓坡道，便于残障人士通行。博物馆的大厅设立了独立标识，便于为参观者提供指导。在博物馆的人工服务台会有志愿者或工作人员提供相应的信息服务。在服务台的旁边还配备了触摸式的导航系统，在这一系统的引导下，视听障者可以顺利进入展厅。博物馆专门设置了便于行驶的缓坡道，便于步行或轮椅者推行。同时坡道旁边还设置了便于视觉障碍者通行的盲道，安装了便于听觉障碍者通行的地灯。在博物馆楼层之间，设置了无障碍电梯，便于视听障群体上下楼。博物馆的展厅内，不仅有讲解员进行相关的介绍，还运用了灯光、音乐等，为参观者提供引导服务。博物馆的演播大厅内，可以设置防滑的无障碍通道，针对视听障者，配备一些可以调节高度的座椅。

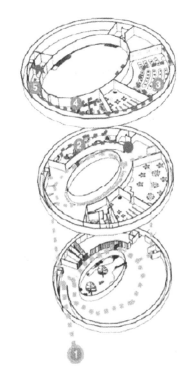

① 大厅
② 展厅
③ 体验放映厅
④ 模型展厅
⑤ 虚拟展厅

图 4-4-6　博物馆参观引导图

　　博物馆可以拓展参观的形式，丰富视听障者参观的新鲜感、刺激感和愉悦感。在博物馆内设计正确的参观引导，有助于加强视听障者的存在感和参与感，增进人与展品与博物馆的情感交流。参观者可以了解真实的历史，增长自身的见识。

三、无障碍设计解决视听障者参观博物馆的设计要点

　　对于残障群体来说，无障碍的公共设施是非常有必要的，方便无障碍者出行，保护他们身心免受创伤。因此，可以将视听障者纳入无障碍设计的参与者范畴，转变以往视听障者作为无障碍设计的试验品角色，逐步完善设计规范和社会法制，

使博物馆无障碍参与者成为最终的受益者。在进行无障碍设计时，需要遵循一定的原则：使身处空间环境中的视听障碍者感受到人身安全受到保护，能够享受到虚拟空间带来的乐趣，在陌生的环境中能够感到舒适。

（一）博物馆大厅

博物馆无障碍设计发挥着重要的作用，是残障群体完整便捷参观博物馆的重要保障。从硬件条件来分析，无障碍设计保障了视听障者在博物馆的参观；从软件的行为条件来分析，无障碍设计体现了博物馆的人性化服务，为视听障者提供了一系列的辅助服务。在博物馆大厅内，不仅配备了声控触摸式辅助地图和语音导向系统，还设置了人工服务台，便于参观者进行信息咨询。

为了更好地引导视听障者，博物馆配备了在线展览引导系统，便于视听障者通过系统的语音导向进行博物馆的参观（图 4-4-7）。

图 4-4-7　大英博物馆大厅

（二）实体展厅

在参观博物馆展厅时，可以把展厅的设计动线作为参观的导向。视听障者可能会使用轮椅，博物馆可以设计缓坡道，方便轮椅者参观博物馆。楼层与楼层的楼梯连接处也配备无障碍电梯方便参观时使用，着重博物馆实体展厅内部的展示设计，为视听障者打造一个无障碍空间（图 4-4-8）。博物馆可以进一步拓展展览模式，增加参观者与展品的互动。

图 4-4-8　博物馆无障碍电梯

（三）体验放映厅

视听障参观者体验和享受电影是非常困难的，但是 4D 电影能够让视听障者获得新的体验，哪怕视听障者不能看到和听到，但在博物馆体验放映厅播出的相关影片中，参观者可以随着视频播出的内容配合着影片设计的 4D 效果。坐在座椅上，四周散发出各种与场景有关的气体或液体，如泥土的味道、鲜花的香甜、炮火的硝烟、海水的拍打、雨点的拍打、微风拂面等，也可以随着音效的律动、座椅的摇摆而得到最真实的感知体验。在讲解资料短片时提供类似 4D 电影院一样的感官形式，视听障者更直接地快速地获取信息的传达，了解身处的空间的周围环境，更快知道他们看不到或听不到的场景是什么情形。

（四）模型展厅

在实体展厅里面展示的展品，大部分会采取一定的形式进行保护，出现在参观者面前的展品，是通过科技手段进行还原复制的展品，通过这种形式，能在一定程度上加强对文物的保护。模型展厅进一步开发触摸实物或模型的体验项目，通过三维建模技术，把可触摸的展品制作成仿真模型，能更好地服务于视听障参观者。通过对原物真实的模仿，将展品做成石膏复制品，摆放在模型展厅里，为视听障群体提供可触摸的实物。视听障群体通过触摸模型，可以获得一个感性的认识。

（五）虚拟展厅

科技的发展推动着数字产品的发展，为交互设计创造了无限的可能，同时也为参观博物馆提供了更多形式的用户体验。将无障碍设计融入博物馆的设计中是非常重要的，有助于人们进一步深化对信息传达、交互设计、人性化设计的认识，了解现代设计的观点和思维模式，在博物馆设计中应用数字艺术设计。在实体博物馆的空间设计藏品展示基础上，将数字化技术应用在虚拟展厅中，有助于实体博物馆在信息社会中的创新发展，进一步拓展实体博物馆的功能。3D 还原打印技术能够将博物馆的实体展品进行还原复刻，视听障群体能够真实地感受到实物展品的触感。将实物展品转变为可触化的复制品，促进博物馆的智能化发展。博物馆设置的虚拟展厅可以让参观者进行网上浏览，搜集相关的 3D 仿真展览资料，还可以通过数据检索获取到展品相关统计信息。博物馆可以把参观讲解和可触摸式的 3D 模型形式进行融合，使视听障者获得更真实的体验。

将展示设计和交互设计融入无障碍设计中，使视听障群体能够接收到正确的博物馆信息。进一步解决无障碍设计信息交互和标准导向性的问题、信息系统与文化传达方式、空间安全性与导向方式的问题，保证视听障者在博物馆内的便捷参观。

博物馆进行无障碍设计的目的就是为了更好地服务于残障观众，这主要是因为无障碍设计能够满足视听障者知识和情感的双重需求。从视听障者走进博物馆开始，通过视觉感官首先对其进行感受与初步印象，随后对展品背后的故事进行了解，从而得以感悟它的意义，视听障者内心发生的一系列的变换，这样的过程使博物馆无障碍设计有了很大程度的提高。

第五章 博物馆陈列展览中交互设计应用实践

本章内容为博物馆陈列展览中交互设计应用实践，对博物馆陈列展览中交互性设计的理论探究、交互设计在博物馆陈列展览中的应用现状、博物馆陈列展览中交互设计的体验方式、博物馆陈列展览的交互设计原则与思维、博物馆陈列展览中交互设计的设计途径几个方面进行了分析。

第一节 博物馆陈列展览中交互性设计的理论探究

一、博物馆展示中交互性设计的哲学基础

（一）主体对客体的影响

博物馆是信息传播的主体。在博物馆的展览活动中，受众的观感深受展览要素的影响，交互性语言对于博物馆来说意义重大，能够有效提升博物馆的展示效能。从这个层面上来讲，交互性设计有助于推动博物馆的功能升级。在参观博物馆的过程中，受众一方面可以获得不错的参观体验，另一方面也能接收到博物馆传达的信息。越来越多样化的互动展示方式，越来越充分的运用感知功能语言，使得展陈环境越来越好，越来越优化，继而让参观者对于参展这一行为越来越有期待，新的诉求也被完美地满足，令受众的参观体验更上一层楼。如图 5-1-1 所示。

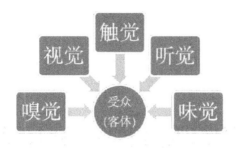

图 5-1-1　主体对客体的影响

例如，江西省井冈山革命博物馆，创新性地使用色彩视觉语言，强烈冲击着受众的感官。运用大面积的红色，营造浓厚的革命氛围，受众心中会油然而生一种敬畏之情以及体会到革命情感。又如，美国洛杉矶大屠杀博物馆，参观者利用现场的技术设备能够了解过去的故事，博物馆使用这种听觉语言是非常有必要的，听觉语言发挥着重要的作用，使人们像穿越时光一样切身地感知到残酷的历史。再如，法国巴黎香水博物馆，将花朵形象的展品摆放在展示空间内，不同的花朵蕴含着不同的香水味，受众可以通过嗅不同的花朵来体会香水的美妙。这样的展示设计带来了积极的影响，一方面，受众在展示环境中是轻松愉快的，能够轻易地捕捉到花朵艺术品的审美特色；另一方面，受众通过运用嗅觉感知语言，激发了探求法国香水文明的欲望。

通过上述案例的分析，深刻探讨了感官语言对参观者参展的重要意义，比如通过视觉、听觉和嗅觉，参观者能够获得良好的参观体验。现阶段，五感结合的交互性展示方式普遍地应用在博物馆展示中，有效地提升了展示效果，促进了观者和博物馆的良性互动。

（二）客体对主体的反作用

博物馆将主体客体化和客体主体化结合起来，有助于加快信息传播。从这个层面来讲，客体也深刻影响着主体。具体来讲就是受众从博物馆获取信息后，会形成新的反馈，然后将反馈传达给博物馆，受众可以把自己新的需求和建议传达给博物馆主体，完善博物馆的展示系统。受众的诉求推动着客体反作用主体行为的形成。人的需求并不是一成不变的，而是处于时刻变化中。科学技术和社会的发展，使得参观者的需求也在发展。参观者的需求主要由身体需求和心理需求两部分构成。综合来看，人们的诉求大致分为以下四种：视觉美感、感知体验、信息获得和存在认同（图 5-1-2）。

图 5-1-2　客体对主体的反作用

对于受众的这四种需求，我们可以进行具体的分析：第一点，参观者在视觉美感层面的诉求发挥着重要的作用，能够持续优化博物馆的展示设计方式，不仅如此，也体现了博物馆的设计美感。第二点，人们对感知体验的需要也十分重要，能够让博物馆将"人"作为展示设计的立足点，在展示计划执行过程中，坚持人本理念，把受众作为行动的前提，重视参观者的诉求，更好地服务于参观者。第三点，受众关于获取信息的迫切度推动着博物馆持续强化自身的文化内蕴，使所有参观者能够有所收获，参观博物馆不能只是走马观花似的晃悠，应该在参观后满载而归。第四点，受众在存在认同方面的需求也具有重要的意义，能够使博物馆的展览形态不断更新，展示手段更加多元和多样，展示环境能够让来访者感到舒适和放松，使人们能够积极参与其中，激发参观者不断探求的欲望，和整个博物馆展示系统进行充分的交互，将自身融入展示活动中，成为展览的一部分，完全参与到展陈过程中，而不是简单的观看模式。

科学技术的进步和社会的发展使得人们对博物馆需求更加的丰富，同样地，参观者诉求的更新变化也推动着博物馆不断地审视自身的展示设计，在天时地利人和的条件下，交互性设计应运而生。正是由于博物馆格外重视参观者的需求，同时持续进化自身的设计模式，所以博物馆能够很好地实现自身目的，能够快速地传达信息，能够充分发挥文化传播的功能，也才能更好地服务于社会和人民。而且也能提升参观者的审美水平和知识素养，对博物馆和受众来说，都能产生积极的影响。

二、博物馆展示中交互性设计的心理学基础

（一）感觉与知觉

1. 感觉

人在受到内外条件刺激后，会使眼睛、耳朵等感官产生神经反应体验，这就是感觉。人类一切认知和思维活动都是建立在感觉的基础上的，可以说感觉是一种复杂经验建立的过程。感觉的功能主要包括两方面内容：一方面是生存诉求，这一诉求有助于人们更快更好地接受新情况；另一方面是经由感觉获得的价值上的愉悦经验，比如影像、歌曲等。不管是哪方面的内容，都是设计师在实际设计活动中必须要考虑的内容。参观者了解和应用目标也是以感觉为前提条件的。在博物馆展示设计中，需要同时兼顾人们的内部感受和外部感受，不能只关注一方面。需要在设计时，融入交互性设计方式方法，增强博物馆的展示效果。

在认知心理学领域，还存在一个与感觉密切相关的术语，即"通道"。"通道"代表着人们受到外界刺激的多种知觉方法。人们的感觉通道包含多种感觉器，比如视觉、听觉、味觉、嗅觉、触觉等通道。在设计活动领域早已应用了"通道"的理念。一般来说，参观者的每种通道只能接受一种相应的感觉，然后将感觉传送于大脑的神经系统中。这就要求博物馆在进行展示呈现时充分调动人们的多感觉"通道"，使得各通道能够相互配合，这样才能保障受众充分地接收信息，使得受众与展陈对象能够进行有效沟通交流。

例如，瑞典首都斯德哥尔摩市中心的诺贝尔博物馆（图 5-1-3），展示了诺贝尔所有的成就。当然，诺贝尔博物馆和诺贝尔故居相比，展示诺贝尔的部分比较少，展示诺贝尔获奖者和诺贝尔建树方面的内容比较多。在展示方面，不仅包括实物呈现的方式，还将和诺贝尔奖相关的内容进行技术化编辑，全方位展示了获奖者们的创意故事，人们只需要戴上耳机就能获得这些故事。除此之外，诺贝尔博物馆还能够非常高效地运用视觉语言，运用五彩斑斓的色彩，向来访者传达其中的创意。在触屏设备以及动作感应系统的运用方面，该博物馆也有许多可取之处，能够带给参观者非常好的参观体验。虽然该博物馆展示的范围比较狭小，但是通过各类展陈手段，再加上对多感觉通道的充分调动，也能让参观者感受到自诺贝尔奖设立以来人类的智慧之美。

图 5-1-3　充分调动受众的多感觉"通道"功能

2. 知觉

在感觉的基础上进行再编辑，这就是知觉。知觉是了解、挑选、调节并说明影响于人体的刺激的经过。从严格意义上来讲，感觉也属于知觉的范畴，也就是说，知觉是一种"感知"的过程。从这个角度来分析，可以将知觉分为三部分内容：感觉、知觉组织和辨识客体。感觉发挥着重要的作用，能够将物质能源转化为人脑容易接受的编码，是知觉材料的主要供应来源；知觉结构是关于感知内容在内做特点分析，把主体所有的体会、学识等相融合，产生可让主体辨识的知觉；第三部分是识别部分，这个部分主体给予知觉以价值。辨识过程是一个复杂的过程，涉及主体的价值观、哲学姿态、文明背景、对客体的立场等内容，可以说辨识过程是一项较高层次的认知编辑活动。

在进行感知的过程中，人们认为最直接、最富有情感性的是颜色知觉。人们视觉审美的焦点就是颜色知觉，颜色知觉能够对我们的情感状态产生影响。在感知过程中，主体是参观者。参观者在参与展览活动时，通过感觉通道的相互配合，完成知觉的获得体验。将颜色知觉的影响充分地应用在博物馆的展示设计中，对博物馆展示效果的呈现能够产生积极的影响，在一定程度上使参观者的感知功能得到强化，同时使参观者接收的信息记忆得到深化。不仅如此，还有利于博物馆的信息传达职能的发挥。

例如，上海玻璃博物馆设计新馆（图 5-1-4），该博物馆使用了落地玻璃窗，使得展示空间获得了更多的自然光，再加上白色在室内空间的充分运用，使得整个展示环境都很通透、敞亮，在这样的展示环境中，参观者的知觉感受是很舒服的。通透宽敞的展览环境也能让参观者身心得到放松（图 5-1-5）。不仅如此，参观者还会遇到如点睛之笔般存在的"虹之桥"（图 5-1-6），"虹之桥"连接了主馆和新馆，并且是主馆和新馆之间唯一的通道。"虹之桥"拥有炫彩的形象，给参观者带来了强烈的冲击，也让展览变得更加有趣。参观者在这里能够获得深刻的视觉感知和审美记忆。在展示空间中，还创新性地使用了玻璃材质，参观者也能有更多机会接触到玻璃。参观者可能在接触到玻璃之后想要探求玻璃背后的故事，从而激发出参观者获取知识的欲望。上海玻璃博物馆设计新馆具备综合性的展览设计，这一设计发挥着重要的作用，一方面有利于博物馆的信息传播，另一方面能够在环境方面带给受众良好的体验。

图 5-1-4　上海玻璃博物馆设计新馆

图 5-1-5　明亮温暖的浅色内墙营造出通透宽敞的空间感

图 5-1-6　由特殊全息处理的彩色玻璃制作而成的"虹之桥"

（二）情绪与情感

人们对客观事物的态度的体验就是情绪。情绪主要由三部分构成，分别是生理条件、神色表现和主观经验。我们不能把情绪的概念和认知、意动等概念混淆，情绪独立地作用于人们心理活动的各层面。正因为情绪可以表现出受众的心理体验感受，所以情绪在博物馆展示设计中处于重要的位置。一般说来，两方面因素影响着博物馆展示设计的成功与否，一方面是功能的完成与影响范围，另一方面是文化价值与设计美感的传达。概括来讲，情绪和情感表现为参观者的整体性体验。

从脑的运作角度来分析，情感和情绪是同样事物活动的内在呈现，部分心理学家没有刻意区分情绪和情感。如果需要深究二者的区别，情感更加注重情绪活动的主观感受，而情绪侧重情感活动的外部表达和可丈量的部分。

1.情绪

情绪一直会存在，不会消失，这主要是因为情绪是普通能源的心理层面，是我们与外界进行交流的纽带。情绪能够让我们与外界保持紧密的联系。目前心理学家认为情绪的基本作用或属性包含四方面内容，分别为适应作用、驱动作用、组织作用和通信作用。

（1）适应作用

其主要意思是人类早期为了生活而呈现出的感情性反馈。情绪的出现是人为了顺应外面情况、得以生活的结果和方法。在进行博物馆的展陈设计时，设计师需要将情绪的适应作用纳入设计考虑范围内，博物馆展陈设计的核心原则是"以人为中心"，充分考虑参观者适应外界环境的能力是践行"以人为中心"原则的具体表现。博物馆的展陈设计需要将互动式展示语言加入进来，恰当地运用交互性设计。

（2）驱动作用

其主要意思是人的需求会出现某样内部驱动力，而内驱力的反应又因情绪这一心理功能被扩张。通常情况下，情绪不受时空、地域的局限，比生理特征更容易被带动。在博物馆的展示设计领域，应用情绪的驱动作用，就是利用交互性设计语言激发参观者的积极性，让参观者能够做出情感性的反馈。博物馆展示的审美意义也是建立在情绪驱动作用的基础上的。例如，在上海当代艺术博物馆中，"飞天画卷"将艺术形式和敦煌文化成功地融合在一起，同时"飞天画卷"的展示形态是可以互动的，能够激发参观者的探求欲望，使参观者更积极地参与进来。参观者可以填涂飞天填色卡，之后进行扫描技术处理，人们填色的飞天填色卡就会变成可以飞的三维模型"天仙"，在"飞天画卷"中进行展示。通过这样的互动方式可以使受众获取到"敦煌飞天"的文化信息。

（3）组织作用

其意思是情绪作用于调动人类认知的过程。

（4）通信作用

通信作用，通俗来讲就是与人沟通交流。可以通过神态、形态等外部表露形态将情感传达给参观者。与此同时，人与人之间的情感也会影响整个空间的氛围。在博物馆展陈中，能够将交互性设计特征呈现出来，特别是人与人的沟通方面。

2. 情感

设计领域的情感主要指的是在进行人为事物设计时，产生的情感体会。这一概念涵盖了一切人与物的沟通行为里，进行人为事物设计时产生的情感。

第一，设计从某方面来说是适用性艺术，根本特征是合用性和宗旨性。而欣赏功能并不是其主要的侧重点。设计语言的情感展现与艺术作品有明显的差别，艺术品中蕴含了创作者本人的情绪，通过观察艺术品，观众能够体会到与创作者相像的情绪。在设计领域的情感活动与其宗旨性存在密切的联系。进行信息传播和文化传播是博物馆进行展示设计的主要目的，所以，应该把该目的作为运用设计手段的前提条件。一旦出现偏差，就会导致博物馆展示设计为了交互而交互，为了美观而美观，从而违背博物馆展示设计的初衷。衡量博物馆展示设计的重要标准是参观者能否成功有效地获取信息。在进行交互性设计时，需要注意以下方面：首先不能因小失大，过度展现技术先进性；其次，要重视博物馆展示设计的目的，不能偏离正常轨道。

第二，设计领域的情感深受"用"的成效的影响，还与活动关系密切。空间影响着设计情感的发挥，对那些与人可以出现直观互动体验的设计影响更为明显。博物馆展示设计中的情感体验具有自身特点，比如具备整体性和交互性等。在互动语境里，受众—技术—空间相互影响和作用，参观者借此能够感受整个展览活动的乐趣，使参观者形成的情感记忆更加深刻。与此同时，情感体验也会给受众和展示环境间的互动交流造成一定的反作用。

三、博物馆展示中交互性设计的美学基础

（一）信息传播的功能美

艺术创作和设计行为是两个完全不同的概念，二者最明显的区别在于设计必须具备功能性，而艺术可以只具备欣赏性。博物馆展示设计的核心原则是"以人为本"，博物馆展示设计的审美价值主要体现在信息传播方面，如果没有将信息传达效能充分体现出来，那么博物馆的展示设计就谈不上价值可言。在新的时代，作为信息传播重要语言的交互性设计，必须充分应用在博物馆展陈环境中。

古希腊哲学家苏格拉底在公元前5世纪说过这样的话："任何一样事物如果它可以很好地完成它在功能层面的目的，它同时是善的又是美的。"[1] 我国春秋时代的伍举也曾在论美时说："夫美也者，上下、内外、大小、远近皆无害焉，故曰美。"即使现在来看，他们的观点都有些偏颇的意味，不过二人同时对于功能性的认可，证明了功能性属于设计审美的根本特质这一事实。

博物馆展示设计具备一些适用性功能，比如典藏文物、服务社会等，还具备一些抽象性功能，比如文化传播、审美体验等。博物馆展示是信息传达的重要的载体，通过将交互性设计理念、多样化的感知或技术语言融入博物馆展示载体中，能够激发人们参观展览的欲望，满足他们探求的好奇心，这样一来，参观者能够在展览活动中有所收获，博物馆也能充分发挥信息传播的功能美。

交互性设计应用于博物馆的展示中具有重要意义，可以把抽象性的信息转变为观者容易感知的语言，抽象性信息包括博物馆功能、文化等，受众能够接收到散播开来的信息。在博物馆展示过程中，信息传达主要发挥着两方面的作用，一

---

① 北京大学哲学系美学教研室.《西方美学家论美和美感》, 北京：商务印书馆, 1980: 19.

方面向人们提供信息；另一方面，人们对信息进行接收、反应。人们接收信息、对信息反馈的行为从某种意义上来说是在补充说明信息。不同的参观者会对接收到的信息有不同的阐释。信息传达因阐释的不同而呈现出不同的方式，比如，信息定向性强、多义性弱，这时对于人们的表达会有很多的限制；信息定向性淡、多义性深，这时对于人们的表达限制就会较少，表达时会比较自由。这就要求博物馆在进行展陈设计时关注人们的参与性和阐发性这两方面，使参观者获得一定的自由度，对观者阐释和解读的方向加以适当引导。人们对信息的多角度解读恰好说明了信息传播是有效的。

例如，巴西里约热内卢电信博物馆（图 5-1-7），该博物馆配备了大量的耳机和其他设备，将其提供给每个参观者。博物馆适当地引导参观者，使参观者按照时间线的观览方式，全面了解通信的起源和发展状况。对于参观者来说，比较自由地是可以自主创建参观路线图，不仅如此，参观者还能利用互动投影技术，更加清晰的了解到通信方面的知识内容。在参观博物馆的过程中，参观者具备双重的身份：既是演员，也是观众。通过博物馆的互动空间，参观者能够感知到过去、现在和未来。参观者在这一过程中，不仅获得了趣味还收获了知识，会形成深刻的参展记忆。

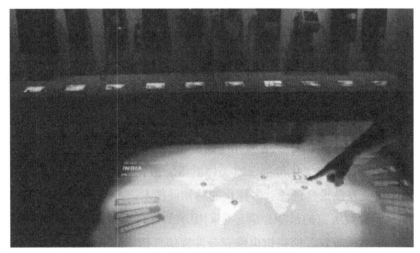

图 5-1-7　巴西里约热内卢电信博物馆

又如，冰岛塞尔福斯水电博物馆（图 5-1-8），该博物馆在展示过程中，使用了多种的交互语言，并把视听元素融入其中。参观者既能获得参观的乐趣还能学习相关的知识，更加清晰地了解到能源对人类的生活所起的重要作用。当人们用手指触摸屏幕时，聚在一起的粒子会突然散开。为了更好地呈现出电力的性质和特点，博物馆运用了各种各样的方式。多样化的呈现带来了积极的影响，一方面能够激发人们进行探索的欲望，另一方面还能满足参观者的审美需求。

图 5-1-8　冰岛塞尔福斯水电博物馆

　　通过分析以上两个案例，我们可以了解到上述博物馆都对参观者的解读方向进行了引导，很好地发挥了信息传播的功能，促进了参观者和展示内容的交流，满足了参观者的审美需求，实现了信息真正意义上的传播。博物馆的展示设计发挥着重要的作用，既能促进文化的传播，也能进行信息的传达，还能满足参观者的审美需求。

（二）感知效应的形式美

　　物质表面形态的美观就是形式美，形式美是审美对象在形态上表现出的普遍性美的因素与法则，所有美的对象都势必会通过形式体现出来，由形式感知而形成的欢欣感即美感。设计师在进行博物馆展示设计时，运用相宜的形式语言、物质资料，在特定语境中构建出一种视觉体系，建立和参观者可以发生共鸣的形式，依靠审美体会唤醒人们身心的反馈，达到信息传达的作用，使信息和情绪之间进行同构。博物馆的展示设计之所以能被称作是美的，在于其空间、布局等组成元素不论是从感官层面还是心理层面都满足了受众的诉求。就像鲁迅先生称道中国文字的三种美一般：意象之美用内心来感受，声音之美用耳朵来感受、形态之美用眼睛来感受。如图 5-1-9 所示。

图 5-1-9　深圳华强北博物馆

在发挥各元素形式美的同时，也必须注意整体美，整体与部分是辩证统一的关系，相辅相成。交互性设计与博物馆展示是部分和整体的关系，部分要服从整体，构成整个展示系统的和谐统一美。目前有些博物馆展示就存在过度凸显部分之美的情况，比如过分强调交互及视觉效果，为了交互而交互，为了好看而好看，为了形式而形式，却忽视了其展示内容的主体性。这种做法完全背离了博物馆职能的初衷，影响了其传播信息的有效性，且不能称作美。在博物馆展示设计中只注重视觉形态的表达与视觉美感的呈现，疏漏信息传播的有效性，就算交互性设计语言运用得多么丰富，视觉效果如何炫彩夺目，也只是虚有其表罢了，这样的设计就是破坏博物馆履行信息传达、文化传播职能的罪犯，并严重玷污了受众的眼睛。

博物馆展示设计的形式美应建立在功能美的基础上，从信息传播的层面出发，形式不只是停留在对式样的设计。单一好看的展示设计不能和成功的展示设计画等号，必须从博物馆的理念核心、社会职能、文化传播等角度去明确要旨与形象，在设计时考虑特定的空间和载体，适当加入交互性设计方式，进行动态性的流露与多元化的呈现。

（三）媒介感官的体验美

体验媒介不仅是有形之器，同时也承载了无行之道，具有物质与精神的双重属性。介质作为信息传达的途径，主要有纸质型、电子型与数字型三类。体验也称作体会，是探究的意思。换句话来说，就是人们在生活中做过的事情都能称为体验，体验相当于人们心理上的某些感觉。

在美学经济条件下，美是消费者在与品牌接触、互动、使用等过程中，通过功能美和形式美的感知，综合得到的品牌感知美的娱乐性，从而得到美的利益享受与美的升华。把品牌转换为博物馆展示，把消费者转换为观众。总而言之，受众进行审美活动的过程中的体味叫作审美体验或是审美经验，囊括对多样化审美内容的身心体验。

譬如德国巴登州立博物馆中（图 5-1-10），沉浸式的视听享受将塔楼空间转换成了剧院般的存在。璀璨场景借助屏幕这个媒介环绕在观众的周围，非真实的窗户带领人们进入历史故事中，深刻会意媒介感官带来的体验美。变换着的画面似乎在消释空间的界限。提炼于雕刻或绘画艺术的影像，刺激着人们的感官。令参观者能够穿越至巴洛克时代，欣赏着、聆听着、感悟着。

图 5-1-10　德国巴登州立博物馆城堡塔楼

由于 21 世纪体验经济的快速兴盛，受众对博物馆展示的体验需求也越来越高，感官媒介的审美体验已经是博物馆展示中必不可少的构成因子。在此影响下的博物馆展示设计，也逐渐开始通过强调受众的感官体验和情感体验来调动其审美感知，注重受众在参展活动里的融入性以及体验性。人之所以产生经验记忆，完全依赖于感觉器官得到的刺激，感知记忆是通过视觉、听觉、触觉、味觉和嗅觉建立的记忆，其作用是要借助感官刺激表达美的体会、快乐和完成。

现代社会，数字媒体技术合乎了受众于感官方面的需求，极大提升了信息传播的有效性。交互性设计手段的融入丰富了博物馆展示的媒介感官的体验美，感官体验已经在原有的视听基础上沿嗅觉、触觉等更多方向拓展，新兴技术的进步带给博物馆展陈环境的审美体验多种惊喜。

四、交互性设计与博物馆展示设计的内在联系

交互性设计与博物馆展示的内在联系即形式与功能的关系。交互性设计语言作为博物馆信息传播的手段，属于外在的形式表达，通过交互性设计形式的运用要完成的是信息传达及文化传播，也就是博物馆展示的功能。信息传达功能的呈现是交互性设计的前提，同时信息传达也受交互设计影响。在博物馆的展示设计中，受众需要获得展览活动所传达的信息，那么交互性设计表达形式即完成该目标的方法。

而功能和形式之间属于辩证统一的关系。首先，博物馆展陈环境里的交互性设计形式务必满足信息传播的功能需求，换句话来说，即要达到信息传播的目的必须运用与之相匹配的交互性设计手段，这是功能对形式的决定性作用；另外，通过在博物馆展示中融入交互性表达的方式，这能加强信息传播的有效性、趣味性，从而推动受众对展陈活动对象的认知，这表现出形式对功能的反作用。功能和形式之间，是对立统一、相互作用的辩证关系。作为形式的交互性设计手段要向作为功能的信息传播提供服务，所以，应用何种交互性设计方式、何种交互性展陈形态，必须以信息传播为前提；反之，交互性设计形式的加入，使得展览形态呈现出多元化的特点，则能促进信息的有效传播。

另外，因为时代不断在改变，所以对博物馆展示设计持续展现新的诉求。这说明功能属于一种持续更新的元素。此种特性令功能在博物馆展示设计中居于核心位置，作为促进形式优化的能源而存在。

综上可知，功能与形态是互相作用的联系。不管是功能决定形式，抑或是形式影响功能，其终极目的都是实现博物馆文化信息的有效传播。

五、交互设计在博物馆陈列展览中的应用价值

（一）经济价值

经济价值是交互设计为博物馆带来的最直接的价值，坦白来讲就是吸引参观者，使尽可能多的大众愿意为了走进博物馆而购买门票。

很多人不习惯将"经济"一词与以高级文化卫士自许的博物馆相联系，博物

馆谈"经济"似乎是将美、历史文化、科学真理等当作货品在行销。然而真实情况是，博物馆的内容确实可以在一定程度上进行行销，并且已有较多成熟的例子。将文物的陈列展览转化为服务进而形成产业以实现经济价值似乎也正成为目前博物馆界的工作新思路。

其原因在于在过去，美、文化艺术、科学等都被某一阶级所垄断，是只有上流社会才可触及的领域，但对这些东西的追求是人类的天性。在博物馆诞生以来的一两百年时间中，人类社会经历了一个以工业化为基础的大规模现代化过程，人类逐渐从传统宗教和政治权威下解放出来，成为征服自然、改造社会的自由主体。"冷战"结束后，伴随着知识经济的浪潮、全球一体化、科技信息化的前奏，人类社会步入了一个后现代的过程，非理性主义、相对主义……愈演愈烈，各种政治上、性别上、经济上、宗教上的边缘弱势团体所主张的"去中心化""多元化"已成潮流。人类不断自觉自身在社会中的地位所导致的结果之一是大众对于平等享有艺术、文化、科学的权利的意识与渴望，这一宏观的历史时代背景就为代表着一流文化事业的博物馆吸引观众提供了一个契机。

光有契机其实是不够的，当观众愿意走进博物馆，而博物馆却以一种架构知识的权威的状态迎接观众的话，就会被赋予精英化、难以接近、脱离社会现实等标签，从而将观众推向了更具亲民特质的娱乐购物等场所。所以博物馆，尤其是那些主要依靠运营收入的博物馆（目前中国理想模式下博物馆的资金来源分为两大类：一类是运营收入，包括门票收入、会员收入、其他副业收入和投资收入，这部分基于博物馆自身的运营；另一类是基金发展，指所有的各级拨款、外部捐款与捐赠，这部分则来自于机构外的支持。）必须吸引更多休闲的大众，因为门票收入的多少直接取决于博物馆的观众数量。于是有些邀请喜欢搞怪的建筑大师，将对建筑的想象力在博物馆空间上全面解放，只为吸引喜欢炫目建筑空间的参观者［古根海姆美术馆拉斯维加斯分馆充满未来感的展厅由著名建筑师库哈斯所设计；江户东京博物馆既具有高科技感又展现出日本传统"古典"建筑的风格，被认为是日本知名建筑师菊竹清训（Kiyonori Kikutake）的神来之笔］；有些为了引起观众的好奇心，策展人想出千奇百怪的题目，将博物馆营造成令人惊叹不已的展示场所；也有一再降低姿态，将礼品店、咖啡厅、餐厅的规模逐渐扩大，顾客甚至超过了展场的访客。

直至当下体验经济时代的来临，大众开始从购买有形的消费品转向了花钱买"感觉"，使得本身即是在输出美、理念、价值、知识、文明等形而上观念的博物馆进行体验式展陈成为了最大的"卖点",而贯穿于整个体验过程之中不可或缺的因素便是交互。无论是在展示系统中运用数字技术的展品互动、游戏互动、虚拟实境、声音互动,还是线下实际情境中的各种亲子互动、创作体验,或是在服务系统中的电子导视设计,等等,均包含着交互设计的基本理念与思想,区别仅仅是交互的层面不同而已。近些年上海一些引发了参观狂潮的展览,如上海当代艺术馆的日本当代艺术家草间弥生个展,余德耀美术馆的当代装置体验作品《雨屋》等,均通过不同的交互方式与参观者互动,为其营造了沉浸式的观展体验(草间弥生个展中的反射场域装置作品使参观者置身于波点的世界,《雨屋》中观众可以体验一场不会被淋湿的倾盆大雨),即便是"80+"的门票,也超出了千万票房,当然这其中的原因既包括整个社会文化创意产业的升温,也包括博物馆参观文化的成熟,但博物馆本身的策展水平也起到了举足轻重的作用。

(二)人文价值

如果说经济价值是站在博物馆的角度进行考量,那么人文价值则是从参观者出发进行审视。

博物馆是一个关乎体验的场所。"体验"这一概念最早是在经济学领域由美国经济学家约瑟夫·派恩和詹姆斯·H.吉尔摩提出:体验经济是从服务经济中分离出来的,它是继产品经济、商品经济、服务经济之后的第四个经济阶段。其最鲜明的特征是企业提供一种让客户身在其中并且难以忘怀的体验。在体验经济时代里,人们追求与众不同的感受,人们渴望参与、体验过程并因此历久难忘。可见体验是内在的,存在于个人心中,是个人在形体、情绪、知识上的参与所得。博物馆之所以可以塑造体验在于虽然其本身并不能改变世界,但是作为公共空间,这个奇妙的场域会形成一种可以测试、检验及想象的空间,人来到博物馆里会获得一种不同于日常生活的经验,无论是重新经历古老的真理,还是领会艺术作品在技法、美学、背景和哲学上的丰富含义,等等,观众都会在理性思维和情感智慧上被独立出来。带来这样一种与文化、艺术相关的精神体验,应当如同博物馆的 DNA 的一般,是博物馆与生俱来的价值。

交互设计的融入超越了传统的观展方式而创造出一种多维度、高层级上的体验,在参观者与博物馆之间形成一种双向共生的关系。参观者不再仅仅是被动的接收者,展品及其内容也不能从传统的观念上来认知。因为在交互设计介入的情况下,有的展品只有在参观者参与的情况下才会显现,有的展览内容是根据参观者的行动或发送的"指令"而不断变化，同时在交互过程中，参观者的视觉、触觉、听觉甚至嗅觉等多个感官同时被调动，甚至是肢体、姿势都可以用来交互，这是在传统的观展方式中参观者无法感受到的。多重感官参与带来的刺激为参观者营造了一种自身在与媒介共同创造呈展作品的感受，这种使参观者成为展品的组成部分的互动会通过满足自我实现这样一种高层级的需求而创造出愉悦的观展体验，使参观者自觉与博物馆、与科学文化艺术、与美近在咫尺，为其情感和心灵创造一种和谐。

例如故宫博物院近几年策划开发的一系列数字展览，因为独特的参观体验得到大量参观者的广泛好评。"发现养心殿——数字故宫体验展"便是典型代表。四月底在上海展出以来，近万人参观，获得了极高的口碑。参观者人群不仅包括许多年轻人，更有大部分携带儿童的家长。整个展览分为"召见大臣，批阅奏折，鉴藏珍玩，亲制御膳"等项目，通过 AI、VR 等数字化技术让参观者走进"活"起来的养心殿。在御膳项目中，设计者选取了众多宫廷美食中最具特色的四道菜肴，还原了制作方法，参观者可以亲手根据提示步骤"制作"好菜肴，然后选择正确的餐具盛放摆盘。从选择材料到盛放上桌，所有关键步骤都用数字化技术展示出来，结束后还可以将制作的菜谱带走，为此次参观留下一份长久的记忆；在穿搭服饰体验区，参观者可以将成套的宫廷服饰穿上身，了解宫廷服装配饰搭配的相关知识并拍照留念。该展览令故宫的文物、文化资源鲜活起来，为参观者营造出珍贵又难忘的文化体验。

（三）社会价值

在《威尔士博物馆战略》中，关于博物馆的价值或者说功能有这样一段描述：发展他们的身份，让他们自愿地建立信息，理解文化差异，享受一个无党派意识形态的地方，促进理解"普世价值"，帮助新移民了解语言、文化、历史并且发现自己在其中的位置。

博物馆可以看作是记忆的守护者与文化的呈现者，清楚地标示着一个国家、城市与文化的独特性与优越性。大英博物馆前馆长，麦克·格里高利·尼尔（Mac Gregor Neil）在一篇文章中曾写下这样的话："我发现，恰恰是要在馆内打造一种公共体验、一种社区归属感，才是国家艺术博物馆一个实实在在的表现……在我的概念里，形形色色的观众通过不同方式对彼此、对艺术博物馆、对馆方工作人员产生归属感，而这样的归属感相互重叠，构成真实而有益的关系。国家艺术博物馆让人们感到那是属于他们自己的收藏……感到自己身在一个生机勃勃的群体之中并获取知识，在那里他们不是一个人。"可见博物馆是国家、民族、地区的身份与精神力量，具备其独特的社会教育价值。

博物馆在塑造社会归属感方面的价值其实是通过所展示的内容来实现的，无论是在历史类、科技类还是艺术类博物馆中，参观者与知识文化及其所传递的精神文明之间的媒介都是"展览内容"。历史物品本身所具有的制作工艺、制作材质、用途，艺术作品所传达的思想，创作灵感，创作环境，科学技术的成就，等等，它们所传递出的信息实质上是一种记忆，博物馆安放这些记忆并进行回应，参观者产生的民族归属感和身份认同感便是这回应之一。所以越是对展览内容有深刻透彻的了解，参观者越是可以更好地认识自己和自己身处的文化环境，理解过去，体验当下，预测未来。

因此博物馆陈列展览中交互设计的社会价值体现在对展览内容的多方位展示以及展品背后故事的呈现上。传统以实物为主的展示设计所存在的局限性主要是参观者很难通过实物本身获得更多的信息或知识，致使展品本身的珍贵价值很容易被观众忽视。例如某些展品出于保护目的必须放在展柜中陈列，同时照明亮度不能过高；有些文物由于年代久远本身残缺严重而导致信息缺失；还有些展品由于本身尺寸很小，肉眼很难观察到细节；还有些展品由于尺幅、运输、版权等问题无法在博物馆展览中展示，这些对于参观者了解展品来说都是很大的遗憾。所以部分博物馆开始在展柜上安装红外线触控屏幕或其他智能终端，参观者可以通过显示屏观看放大以后的展品，通过点击等互动以及配合语音讲解，图文并茂地了解更多关于展品的知识（杭州博物馆邮票特展、浙江博物馆古琴特展等）。

第二节　交互设计在博物馆陈列展览中的应用现状

一、交互设计现状

在国家文物局网站 2018 年 1 月发布的《2016 年度全国博物馆名录》中，截止到 2016 年底，我国登记注册的博物馆共有 4826 家。该数据是指那些已经注册的、非实时的博物馆，由于博物馆概念范围的多重性，如果没有注册、非实时的条件限制，实际数量其实要大于该数据。

从以上数字可以看出，在国家文化复兴层面的大背景下，我国博物馆事业正以前所未有的速度和崭新的姿态蓬勃发展，其体制、形态和运作等内容也在发生着深刻变革。多媒体技术、数字化技术在博物馆陈列展览中的应用便是表现之一，而基于数字技术的交互设计正是在这样的背景下出现在博物馆陈列展览当中。

在上文中提到的博物馆类型中，基于数字技术的交互设计首先被应用于包括自然博物馆、科学博物馆以及技术博物馆在内的自然科学类博物馆的陈列展览当中。自然科学博物馆可以看作是科技大发展的直接产物，特别是电气革命、信息革命之后，科技馆如雨后春笋般地在多地落成，全国几乎所有的大型城市都建立了科技馆。自然科学类博物馆从建立之初就格外重视对新技术的引入和利用，基于数字技术的交互设计首先出现在自然科学类博物馆中有其得天独厚的土壤优势。其具有的多感官交互特点使得展项均充满了趣味性，对于儿童、青少年有着极强的吸引力，也更有利于观众对抽象知识的理解和学习，能够促进自然科学类博物馆实现其对民众的科普教育、科学兴趣的培养的目标。

很多新兴的博物馆在建立之初就将交互设计与整个博物馆的陈列展览体系紧密结合，例如上海自然博物馆新馆，交互触控屏、多媒体秀、沉浸式剧场等将展品或展示内容进行数字化处理后给参观者带来的耳目一新的体验遍布整个展馆。深受广大观众喜爱。传统的大型博物馆则是在举办各种主题的特展中对交互设计的运用做了非常好的尝试，如故宫博物院、中国国家博物馆、上海博物馆、南京博物院等，最为大众所熟知的应当是故宫博物院众多特展中的 VR 游戏、沉浸式体验等。南京博物馆在 2017 年举办的《帝国盛世——沙俄与大清的黄金时代》特展中，参观者所领取的平板电脑可与展品自动匹配，显示出与展品相关的更多信息。

从整体上看，交互设计在我国博物馆陈列展览中的应用为博物馆注入以下两个方面的活力：

第一，多媒体混合式立体解读展览内容。虚拟展览，展台或嵌入式触摸屏多媒体电脑、互动投影仪、电子虚拟互动系统、多媒体互动游戏，等等交互设计方式在陈列展览中的出现，带来的是图形、视频、音频、增强现实和动画等多种媒体为参观者带来越来越有趣、有价值的观展体验。如北京汽车博物馆中设置了许多专门的展项可以供参观者亲身体验。在"汽车生产线"展项中，参观者登上汽车，由工作人员启动设备后，车厢内部开始出现灯光、声音等特效，同时参观者的前方、两侧、顶部车窗以视频的方式播放画面，使参观者产生汽车在向前运动的错觉。汽车在虚拟的流水线上"行驶"的过程中，参观者会体验到各种零配件的现场安装，感受汽车从组装到出厂的整个流程，了解与汽车生产、组装相关的知识。整个展览通过多种媒体的混合轻松、有趣地传递了展览内容和信息。

第二，互动游戏使得展览内容的接受趋向轻松化。游戏最大的特点就是创造竞争、激励和反馈机制，这也是很多传统游戏和大部分电子类游戏均受到人们普遍欢迎的原因。将基于游戏的交互设计应用于博物馆的陈列展览当中，可以激发参观者对展览知识的学习热情，使认知过程富有挑战性。当参观者获得游戏的胜利以后，会产生极大的成就感。美国新闻博物馆里的展览内容包括很多著名作家、编辑、记者所发表的著名言论，对人类社会的发展产生过重大影响。为了让更多年轻人了解到这些名人的核心观点，新闻博物馆将这些人的经典语录以游戏的方式进行展示。展项会通过不断提问的形式，让参观者进行判断和选择，人们在交互式的问答中对这些人物和他们的语录产生了深刻印象，在轻松愉快中获得了知识。

二、交互设计存在的问题

笔者将调研中发现的有关目前我国博物馆陈列展览的交互设计存在的问题主要在于缺乏对参观者的研究，所以展览无法满足参观者需求。这点主要体现在两个方面：

（一）对于传统博物馆来说，其常设展基本采用传统的展陈方式，对于参观者来说体验很一般。例如某省博物馆，在笔者访问的参观者数量中，有70%的人认为参观体验不佳，这些人基本集中在青年大学生当中，他们还列举了一些他们认为参观体验要好很多的博物馆，如北京木木美术馆、上海电影博物馆、武汉合美术馆等。笔者对他们提到的一些博物馆进行调查了解后发现，这类博物馆基本或多或少地在陈列展览中引入交互设计，以此来提升参观者的体验。说明传统的说教式、仅将参观者视为接受者的陈列展览方式有待改进和提升。

（二）对于在陈列展览中应用了交互设计的博物馆来说，从整体情况来看，由于交互设计为博物馆所带来的价值，博物馆行业对交互设计普遍采取接纳的态度，其对参观者缺乏研究主要表现在部分展览为求新求异而陷入技术误区，使参观者无法从这种太过高新的交互设计当中获得有价值的信息或知识。中国科技馆举办过一个非常精彩的主题展《阿尔伯特·爱因斯坦》，展厅的设计相当新颖，光电效应部分可以动手做现场实验，布朗运动是投影在墙上的动态图像，质能关系通过一个爱因斯坦讲述的视频来表现，引力场是一个展盘，相对论为虚拟现实效果。展览本身其实既生动又全面，科学内涵深刻，对于提高公众的科学价值观、宇宙观具有重要意义。但又正是由于科学内容太过于专业、不易理解，属于高级科普展览，使得很多参观者在面对这眼前的高科技交互方式时表示不会做、不会玩。这说明馆方在举办展览之前应当选取有代表性的科技馆爱好者以及逛科技馆频率较低的参观者进行调查，也应考虑到大部分没有知识背景的参观者在面对专业科学知识的展览时需要博物馆怎样的引导才能真正从展览中获得知识。

第三节　博物馆陈列展览中交互设计的体验方式

一、二维屏显式交互体验

在展览陈列当中，大多数博物馆会依据展品内容而采取多种设计手段综合运用的方式进行展示设计。姜涛、俄军在《博物馆学概论》一书中将博物馆呈展方式归纳为六个主要类别：归纳式、故事式、沉思式、重构式、发现式、体验式。

二维屏显示式的交互方式相对简单，常见于通过触控屏对展示的相关信息进行解读、对展示物进行解读，或者本身就是展示内容的一部分。交互方式一般为观众通过手指或电子笔与电子屏幕接触，所以二维屏显示式交互最大的特点是除了通过屏幕上的数字动态影像为观众带来视觉上的冲击之外，还增加了一重感官体验——触觉。触觉体验的加入减少了传统博物馆"禁止触摸"这一标示在参观者心理上所造成的攻击性，因为这一标示本身就是在否定人类基本的学习行为之一。上文所提的六种展示类别当中均可见到二维屏显示式交互设计的应用，与实物展品一起丰富展览内容提升参观体验（其实将任何一种类型的交互设计应用于博物馆展览当中这本身就可以看作是一种体验式的呈展方式）。但结合屏幕互动本身的特点，在其他展示类别当中可以说二维屏显示式交互居于从属地位，往往作为其他更加炫目多彩的交互方式之补充，在归纳式的展示方式中二维屏显可以显示出其举足轻重的作用。

归纳式展示是指将物品进行分组陈列，以展品本身展示为主，在展示设计中通常做出较少的诠释，一般仅通过展览标签、导览等简短的文字加以辅助说明。这种建立在藏品展示基础上的基本陈列形式相对来说比较好实施，因此在各类型博物馆的陈列展览中得到非常普遍的应用。这种展示方法虽然便于操作，也能带给观众直观的视觉体验，但其本身具有一定的缺陷：丰富的展品分别陈列在展柜内，加之说明牌上的简要说明，对观众理解展品起到一定作用，但由于缺乏对展品之间关系的阐释，普通观众很难真正理解展品背后所蕴含的信息，相对单调的展示形式容易引起观众的审美疲劳。

在归纳式展示当中融入触控屏的交互方式可以极大地弥补传统归纳式展示的缺陷与不足。在上海自然博物馆新馆中的恐龙化石展区当中，化石不是被孤立地放在单独展柜内，而是各种类型、各种时代的化石分门别类地按照相互的关联度进行分组，帮助观众在其中发现不同古生物之间直接或间接的关联性。同时还加入动态投影的方式，将恐龙所生活的白垩纪场景展现在实物展品上方。展柜旁安装了可交换查询的触控屏，除了有对每件化石的详细介绍之外，还有大量的辅助信息提供查询。观众在参展过程中既可以直观地感受化石，又可以了解到关于化石的年代信息等更多知识。在关于昆虫特征的展项当中，同样利用了电子屏幕的方式鼓励观众与展品的互动进而了解昆虫知识。该展项将翅膀、身躯、触角等昆虫不同的身体部位设计在屏幕四个不同的方向上，观众需要将正确的组件拖入中间的屏幕以组合成一只完整的昆虫。这个过程可以反复进行，直到参观者拖入正确的结构部位。整个过程在很大程度上激发了人们对了解昆虫身体结构的兴趣。

武汉科学技术馆"血液循环"展项同样利用了二维屏显示的交互方式将抽象复杂的人体血液循环展示给参观者。参观者不仅可以直观地看到静脉、动脉的循环模式，还可以通过触摸屏幕进行有关血液循环知识的深入了解。

二维屏幕交互既可以说是一种媒介，一是借助这个媒介参观者创造出了展览内容，二是通过这个媒介二维操作转换为了三维空间体验；也可以说屏幕交互就是展览的内容，因为无论参观者创造出的是怎样的线条和图案，这个展项本身带给他的都是一种关于对博物馆观展方式和学习方式的认知的提升。

二、多维浸入式交互体验

多维浸入式交互在博物馆中的应用更加丰富多彩，笔者将那些基于数字技术的不限于参观者与屏幕之间进行的信息发送与反馈的交互体验统一归纳为多维浸入式交互。它不仅发生在展示层面，涉及的参观者行为也更加复杂，一般是通过多种新技术的融合使参观者进入一个新创造的虚拟或半虚拟的情境当中，在这个新创造的空间中，不是仅仅有视觉、声音的震撼效果，而是参观者的"眼耳鼻舌身意"六感六识从整体上被充分调动，同时，伴随着感官系统的调动，认识系统也被激活，观展过程转变为一种参观者身临其境的沉浸式体验过程。沉浸式体验是博物馆体验的一个高级阶段，根据著名心理学家、"沉浸理论"的提出者米哈里・契克森米哈的观点，"沉浸"状态是指由于挑战与技能相匹配，即二者处于平衡状态时，体验者会进入一种注意力高度集中、全身心投入、活动顺畅且高效的状态，这是一种人类生活的最优体验。对于博物馆中的参观者来说，处于这种状态时几乎完全排除掉了不相关知觉，沉浸在与展品互动、接受信息并将其转化为认知的过程当中，该过程同时可以进一步激发起参观者的情感，是整个观展过程对于参观者来说深刻而又难忘。多维浸入式的交互体验所创造的情感升华，体验不仅仅来自视觉，包括听觉、嗅觉、触觉乃至味觉都是体验的重要来源，体验是一种深度的自我思考，体验是人们与自己进行"对话"和"交流"的过程，通过体验将自己的意志升华。人们体验生活、感知传统，不知不觉将之转化为自己身体的一部分。

多维浸入式交互常见的交互形式一般包括 VR（虚拟现实）交互、AR（增强现实）交互、MR（混合现实）交互以及基于人工智能技术的视觉目标识别、语音识别等。

VR 技术是指利用计算机生成的一种模拟环境，是一种多源信息融合的、交互式的三维动态视景和实体行为的系统仿真，以沉浸性、交互性和构想性为基本特征，属于计算机高级人机界面。其生成的模拟三维现实空间里具有逼真的视觉、听觉、触觉及嗅觉环境，参观者借助一定的设备以自然的方式直接与虚拟世界中的对象进行交互操作，触摸它们，感觉它们，并能听到虚拟世界的三维空间声音，从而产生一种身临其境的感受和体验。

博物馆陈列展览中 VR 式的多维浸入式交互特点在于打破了传统博物馆展览的时空观念，在虚拟的情景中，参观者不必按照实体博物馆里规定的路线参观，而是可以通过对手柄（VR 的硬件设备）的控制随意切换视角，任意从博物馆的一个角落跳到另一个角落。

2016 年首都博物馆举办的《王后・母亲・女将——纪念殷墟妇好墓考古发

掘四十周年特展》当中，同样借助了 VR 技术为参观者再现了四十年前的发掘现场。参观者戴上头显可以游走于发掘现场，从各个发掘层面看到当年的青铜器、玉石器等多种文物出土的位置。实景复原＋虚拟体验的方式使整个展览取得了巨大成功，并获得了第十四届（2016 年度）全国博物馆十大陈列展览精品推介精品奖。

AR 指的是增强现实，通过将三维内容实时投射到某种实物介质上，呈现出真实的人、场景与虚拟物体相结合的效果。利用 AR 技术可以传递出展品背后的故事，呈现更多隐而不显的事实。在浙江自然博物馆 2017 年举办的恐龙特展中就加入了增强现实进行辅助展示。让恐龙"复活"成了展览的最大亮点，增强实现技术的运用让观众亲临白垩纪时代，体验各种"恐龙"从自己身边缓缓走过的感受。这个展览吸引了大量儿童，展示方式让小朋友们兴奋无比。另一个利用增强现实技术的优秀案例是伦敦的街道博物馆。该项目通过地理位置服务和增强现实技术开发了一款智能应用程序，人们只要在伦敦市区打开手机，用该程序扫描眼前的建筑、商店、街道等任意一处景观，就可以在自己的手机上看到所扫描景观的在历史中所发生的一切演变历程。而这些历史内容就来自博物馆所收藏的各种文献资料和实物展品。伦敦街道博物馆的这一做法可以说将整个城市变为了一个历史博物馆，博物馆里的资源得以辐射到更加广阔的社会领域。

对于博物馆来说，更加接近于参观者本能的交互方式同样是尽量做到"无界面交互"。通过红外线感应、人工智能等技术的运用使参观者通过动作就可以引发展厅内灯光、声音、展示内容等的变化，从而实现多位浸入式体验的观展过程。富兰克林科学博物馆与 2015 年举办的《你的大脑》特展，获得了美国博物馆联盟年度展览卓越奖。该展通过各种交互式的展项，将有关大脑的各种知识生动地展现给参观者。参观者可以爬上一个两层的神经网络，用脚步触发光效和声效；可以使用幻灯片扫描仪通过大脑的核磁共振成像观看大脑的特征，还可以通过交互屏幕看到自己的神经系统如何运转。

另有一些是通过将视觉体验与听觉体验紧密结合在一起来提升参观体验的多维浸入式交互设计。浙江博物馆举办的古琴特展中征集并展示了大量古琴实物，同时将多维浸入式的交互设计融入了展览中。参观者可以亲自尝试用失传已久的古代乐器演奏出优美的旋律。除了可以在展区中轻抚古琴感受乐器的魅力之外，还可以通过实物展品旁的耳机、触摸屏进行交互式的体验，参观者不但可以听到古琴那特有的苍劲、宽广的音域，还可以进一步了解音乐大师对古琴制作工艺、发展演变、文化传承的详细解读。通过将声音体验融入展览使古老久远的文化重新复活，参观者在聆听到古琴深邃空灵的音色时，可以感受到古代先人抚琴时清雅幽远的精神境界。这种多维浸入式的交互设计，除了使参观者的体验更加丰富之外，也更好地诠释了展览的主题——"如果说音乐可以表达人类的心声，那么中国古琴所表达的是人类非凡的心声"。

三、传统线下交互体验

以上笔者提到的交互设计属于基于数字媒体的人机交互模式，在博物馆陈列展览中另存在基于传统实物的展示模型或装置的交互方式。由于本文博物馆陈列展览中的交互设计研究，如果从广义的角度来看待交互设计，这种传统的实物交互方式依然属于本研究的范畴，只是由于与实物的交互较为简单，并不需要一整套专门的理论基础为其提供设计准则，这一点笔者在第一章中也有说明，所以在第一章介绍交互设计的篇幅里笔者重点提及的内容几乎均为基于数字媒体的交互设计。但由于基于实物的交互方式确实已在一些博物馆里得到较为成熟的应用，所以需在此作为一个单独的交互类别进行论述。

基于实物的传统交互方式操作较为简单，也更为直观，相对于静态的知识展示来说能体现出较好的展示效果。上海电影博物馆中有一个展项是关于如何给动画片配音的，展区内放置了多种用于动画配音的设备，这些设备均可以动手操作。参观者通过操作设备可以模拟出风声、雨声、雷声等多种声音来给动画片重新配音。不同形式的组合还可以获得完全不同的配音效果，通过这样与实物进行的互动，参观者不仅可以了解到动画片的配音过程，还可以发现不同声音对画面的巨大影响和作用。位于日本横滨的泡面博物馆里则采取了另一种通过实物与参观者互动的方式。该博物馆当中收藏着世界上第一包方便面，讲述着泡面的历史，同时还有许许多多来自世界各地的方便面样品，令人目不暇接。该博物馆最特别的地方在于参观者在参观完毕之后，还可以亲自动手选择馆里提供的各种配料进行搭配，制作出一碗独一无二的属于自己的泡面，还可以在泡面杯上画上自己喜欢的图案。通过这种与实物交互的方式，该博物馆实则是为参观者留下了一份独一无二的回忆，使其感受到的是一种情怀。（图 5-3-1）

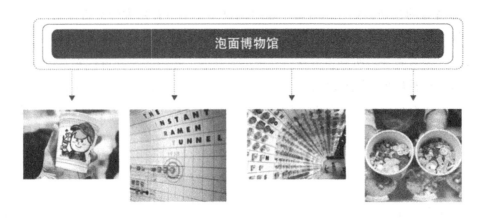

图 5-3-1　泡面博物馆

在日本东京有一座米博物馆，通过实物展品（米）与参观者的互动，将自身营造成一个小而美的充满生活情境的文化场所。米博物馆的外形装饰与一般商店并无两样，面积只有数十平大小。在馆内一楼销售许多与"米"有关的商品，如碗筷等餐具，以及米制成的化妆品。另外还包括米食料理，可以试吃，并配有精美的食谱欢迎免费索取。参观者如果希望进一步学习有关米的生产、营养价值、生态农业等知识和历史，还可以利用一旁的可交互计算机互动学习。二楼是自助式餐厅，提供便宜的米食，销售日本米所制成的餐点，饭团还可以让附近的上班族外带。该博物馆通过这样一种轻松又活泼的方式实现与参观者的互动，可以说是通过实物展品与参观者的交互而将博物馆融入一般人生活情境中的精巧案例。

第四节　博物馆陈列展览的交互设计原则与思维

一、博物馆陈列展览中交互设计的设计原则

（一）以参观者为中心

在交互设计领域，有一条重要的原则就是"以用户为中心"，博物馆交互设计中，可以将"以用户为中心"原则引申为以参观者为中心原则。交互设计在软件行业遭遇的危机中诞生，在软件行业，产品不被用户接受，项目团队中需要有人为用户代言，站在用户的角度来理解用户对产品的感受。由此产生了一对概

念——"机器实现模型"与"用户心智模型"。因此，交互设计的产生是为了缩小心智模型和技术模型之间所具有的巨大鸿沟，帮助用户理解和使用产品。

　　为了更好地理解以参观者为中心这一原则，我们首先要理解"机器实现模型"与"用户心智模型"这两个概念。美国程序设计语言（Visual Basic）之父艾兰·库伯（Alan Cooper）最早提出了这两个概念，艾兰·库伯也是程序设计师和理论的先驱者。每一种机器都是为了实现某一种目标而存在的，而机器或者机器中的程序是如何进行实际工作的，其中的机制称之为"机器实现模型"。比如，我们用单反相机拍摄出一张非常清晰的照片，主要是因为相机中各种组件之间相互配合、相互作用所产生的，相机快门按下的时候，相机中的反光板会马上弹起，光线经过反光板会直接照射到感光元件上，感光时间内，感光元件将接收到的所有进光量转化为电信号，再经由处理器的转化，从而形成一张电子照片。而软件产品在实际工作中的运用机制主要使用了两部分，一个是算法，一个是相互通信的代码模块，软件产品的实现模型就是对程度在代码中实现的细节进行了描绘。

　　对于用户来说，很难记得甚至不知道一部机器或者一个数字化产品的内部运转过程，比如，我们在看电影的时候，除了专业人士，很少有人知道放映机的工作原理，在我们的认知中，简单地认为放映机只是在大屏幕上移动的图片而已。因此，对于所需要完成的工作用户所形成的自己的理解可以称为"用户心智模型"。在现实生活中，人们在使用非数字产品时，并不需要对产品的实际工作细节进行了解，仅仅能够方便他们使用即可，也就是说在产品认知上，在他们与产品交互过程中创建一种足够用的简洁的解释方式就足够了，但是这种方式并不需要将产品的实际内部工作机制呈现出来。在数字化软件产品中，"实现模型"和"用户心智模型"之间存在着非常大的区别和鸿沟。这是因为软件产品主要是由专业 IT 人士所开发的，在他们的思维中会有种其他所有人也应该这么思考的认知，因此，在产品开发过程中一般会按照他们的思维展开。

　　这样生产出来的产品，对用户提出了新的要求，用户在操作过程中要精细准确地按照计算机的规则和逻辑进行，这对用户来说是不擅长的。如果数字产品是在不了解用户需求以及使用机器的方式的情况下进行开发的话，那么就会让数字产品与用户之间产生巨大的鸿沟，从而使用户学习和使用程序的能力有所降低，给用户带来的体验也将是非常糟糕的。

　　一般情况下，人在与技术交互的过程中，往往希望按照自己所理解的方式来进行操作，并不是按照技术所要求的方式来进行操作。以 Adobe Photoshop 为例，我们在调整图形色彩平衡和亮度的过程中，我们看到其功能界面中并没有提供颜色色值的输入框，而是显示了一系列微型图像，这些微型图像就代表了不同的色彩平衡，用户可以通过观察这些微型图像，从而选择自己所需要的色彩平衡。这样界面的设置与用户的心智模型非常相符，这是因为用户能够直观地看到图像，而不需要用抽象的数字来思考。因此，数字产品与用户的心智模型越接近，用户就会认为程度的使用和理解是容易的。也就是说这样的产品提高了易用性，让用户与产品之间可以进行高效的交流；在此基础上，交互设计创建出新的交互方式——具有情感和文化内涵的交互方式。因此，在交互设计中要坚持"以用户为中心"的原则。

与软件产品相比，博物馆陈列展览中的交互设计相对不那么复杂。从时间维度上，我们与软件产品的交互时间持续要长，而我们与博物馆的交互时间相对要短，因此，博物馆中的交互设计相对要简单，尤其是传统实物的博物馆交互设计。之所以对数字产品交互设计中的两个概念进行介绍，主要是为了更好地理解数字产品交互设计中的"以用户为中心"，从而更好地理解博物馆交互设计中的以参观者为中心；除此之外，博物馆陈列展览中的交互设计与数字产品中的交互设计一样，都存在"实现模型"与"用户心智模型"之间不相符的情况，也就是说参观者在参观具有交互设计的展项时，参观者与展项之间并未产生交互，只是简单地观看了几分钟就匆匆离开了，具有交互设计的展项并未对参观发挥出应有的引导和指示作用。在传统展陈方式中，特别是参观者在参观历史类博物馆时，如果这些参观者没有具备考古学、历史学等相关知识，再加上做展陈的展品并没有进行详细的介绍，那么参观者是无法理解展品的真正价值的。对于这些参观者来说，他们并不了解甚至不知道所展陈的文物的相关信息。因此，可以将"用户心智模型"引申为"参观者心智模型"，将"机器实现模型"引申为"博物馆实现模型"，从而通过博物馆陈列展览中的交互设计来缩小"参观者心智模型"与"博物馆实现模型"之间的巨大鸿沟。

在博物馆陈列展览交互设计中，"以参观者为中心"原则就是将参观者的需求排在第一位，而不是一味地追求技术的高超。

我们可以将参观者的观展需求分为三个层次——舒适、有用、愉悦。在进行陈列展览中的交互设计时，要根据参观者的需求层次进行设计。舒适层面，要让参观者在与具有交互设计的展品进行接触的过程中要在身体上产生舒适的感觉，比如说虚拟现实所创造出来的情景与真实的环境是有差异的，参观者在观看虚拟影响是是否会有眩晕或者恶心的感觉？二维显示屏所展示的内容是否会有视觉上的困难？有用层面，要考虑以下几个问题，交互设计的引入是否真正帮助了参观者对于有价值知识和信息的获取？是否真正帮助参观者对于展览内容的理解？愉悦层面需要考虑的是博物馆展览的交互设计是否得到了参观者的喜爱？是否会进行下次的参观或者将展览分享给其他人？

参观者对博物馆的体验实际上是一种综合的体验，即身体、智力和情感上的综合体验。这种体验开始于个人考虑去博物馆的时候，一直延伸到参观博物馆之后的几天、几周甚至是几年后的记忆。由此可知，在参观之前，参观者的观展体验就开始了，参观者完整的观展体验包括决定去博物馆时的心情、去往博物馆途中遇到的交通状况、到达博物馆之后的停车状况、对展览的满意度，等等，博物馆陈列展览中的交互设计只是这一系列环节中的其中一环，当然，也是非常重要的一环，因为参观者在这一环节与博物馆发生了频繁的关系，这一环节也最能影响参观者的观展体验。因此，在博物馆陈列展览的交互设计中，要坚持以参观者为中心的原则，并且要参考交互设计领域中的设计方法，从参观的各个环节对参观者进行研究分析。

（二）以博物馆文化特色为基础

不同类型的博物馆，其整体定位、风格和文化特色是不同的，陈列展览的设计一般要根据博物馆自身的定位、风格和特色进行。陈列展览中的交互设计是整体展陈的一部分，需要考虑展览的整体面貌并融入其中，服务于展览的特色。

目前，有些博物馆在进行展览交互设计时，不考虑自身的定位、风格和特色，盲目跟风，应用一些与博物馆不相符的数字化技术、交互式呈展等，致使博物馆陈列出现病态，如装修过度、高档材料的过度使用、电子技术的过度使用，等等，从而导致了两种结果：一种是博物馆出现了过度奢华和浮躁的风气，从而对展品产生了"喧宾夺主"的影响；另一种是，与博物馆的宗旨、功能相悖，破坏了博物馆的风格特色。

因此，在进行博物馆陈列展览交互设计时，除了坚持以参观者为中心的原则之外，还要坚持以博物馆为基础的原则。目前，部分观点认为该项原则适用于科技类、自然类、主要参观者群体为儿童类的博物馆，而不宜应用于具有严肃、庄重感的艺术类、历史类等以实物展品为主的博物馆。在这里，与上述观点有所不同，我们认为在一个博物馆中是否应用交互设计，取决于这个博物馆中是否需要通过交互设计来提升参观者的体验，而博物馆的类型则决定了交互设计的投入量和交互的形式。

这个原则体现了博物馆具有特色化的学习空间和欣赏空间，让参观者能够沉浸在博物馆中，能够与博物馆之间产生互动。

二、交互设计思维

对想象力、主题形象、视觉符号的灵活运用，是每一位从事与艺术相关工作者都应具备的基本功。对一名设计师而言，对任务主题的准确理解，丰富的想象力，视觉形象符号的选择，对各种造型元素的熟悉与运用，所有这些都会直接转化为展览的最终效果与品质，体现出艺术含量的多寡。

（一）交互设计之想象力的运用

任何艺术创作，都是艺术家不设限的大胆想象。想象力是设计的源泉，想象力不断迸发出新的画面与设计设想，这是创作最初的雏形。假设你正要设计一个动物生命博物馆，在设计大纲读到动物这两个字的时候，脑子里可能马上就会出现不同学科的动物分类，爬行动物、哺乳动物，或者有些已经灭绝的动物，也许是更加丰富的想象。

一般而言，想象也需要一定量的知识储备和生活体验，没有知识和经验的凭空臆想，可能难以获得他人的认同甚至违背自然规律。因此，培养想象力前提是知识的不断积累。眼界要开阔，要永远怀揣一颗好奇心，保有童心，抛开一些世俗的偏见，大胆地去想象，不要禁锢任何想法，这样你的想象力才会得到充分的发挥。想象力是人的生活中不可缺少的智慧，是一种特质。缺了它，你不可能成为一名合格的设计师。想象力需要长期、有意识地培养。多看、多思索、有见识才能使记忆里中充满素材，思索时才会自动地出现有意思的画面与不断的联想。积累太少是想象力匮乏的重要原因。艺术家的个人经历也对想象力的发挥具有影响。凡·高的独特经历与性格使他具有与众不同的想象力与观察视角，并由此造就了他独特的艺术成就。

位于意大利南部的柯洛内斯山地博物馆就是一个充满激情与想象的项目。这座博物馆由扎哈·哈迪德设计，它就像一块天外飞来的巨石被卡在一座山头上，它成为整座山峰的一部分，登山爱好者站在博物馆伸出的挑台上就如同站在悬崖的边缘（图 5-4-1）。

图 5-4-1　柯洛内斯山地博物馆由扎哈·哈迪德设计

水下雕塑博物馆位于墨西哥的旅游胜地坎昆，是一座非常奇特的博物馆。这是一座水下的博物馆，参观博物馆需要佩戴相关的装置潜入水下，进行游览。这座博物馆是目前世界上最大的博物馆。这里有将近 500 尊由生态混凝土制成的雕塑，在雕塑凹凸不平的表面上依附着大量的海洋生物，并为这些生物提供了很好的生长条件，也能够保护这些生物所生存的生态环境。这些雕塑的四周都长出了海藻，鱼群时常会穿梭在其中，游客们对这一奇妙的构思无不惊叹（图 5-4-2）。

图 5-4-2　墨西哥坎昆水下雕塑博物馆

（二）交互设计之主题形象塑造

博物馆的个性化发展，需要有一个让人记住的身份标识，就是它的主题形象，每一个博物馆都有自己着重想表达的主题，如三星堆博物馆、故宫博物院等。但主题不仅仅体现在博物馆的文字标题上，而更应调动一切手段将主题形象化、视觉化，力求以生动的艺术形象使观众过目不忘，进而引发强烈的共鸣并产生长久的印象。伦敦战争博物馆的大门口，观众在进入博物馆前迎面看到的就是一尊巨大的第一次世界大战时期的舰炮，雄伟的炮口直指天穹。作为参观者，看到它仿佛立刻感受战争带来的紧张感（图 5-4-3）。

图 5-4-3　伦敦战争博物馆的大门口

主题形象的设计至关重要，成功主题设计会让整个博物馆的设计事半功倍。让人难以忘记的主题形象范围十分宽泛，可以是一种激发观众联想的特殊材质或肌理，也可以是某些让人印象深刻的物体，主题形象可以使博物馆的整体艺术氛围更浓烈，能帮助主题精神的传递，还可以加强展览的戏剧性和观赏性。比如在东京大江户博物馆的那座夺目的江户大桥，作为整个展览的起点，参观者全部由六楼的入口进入展厅，宏伟的木桥立即出现在你的面前，走上桥面看到的是桥栏上精美的铜饰，对面是一座座江户时代的建筑模型，桥下则是流动的人流。此刻，站在桥头不必挪步，江户时期"昔日的繁华"迎面扑来，一座木桥带给你不尽的遐想（图 5-4-4）。美国的哈雷摩托车博物馆的主题体现则采用了不同的方式，它不可以突出某一具体形象，而是选用钢铁的材质来烘托出那种雄性的奔放（图 5-4-5、图 5-4-6）。

图 5-4-4　东京大江户博物馆的展陈设计中那座夺目的江户大桥

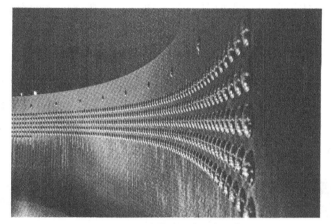

图 5-4-5　美国的哈雷摩托车博物馆

图 5-4-6　哈雷摩托车博物馆铆穿形象的铁钉

选好展览的主题形象是设计成功的关键。它是在展纲主题逐渐清晰并认定之后，由设计师在各方专家的参与下经过反复探讨，提炼而成的。主题形象的捕捉不但需要对展览大纲的准确把握，在很大程度上还取决于设计的灵感。

（三）交互设计之视觉符号呈现

符号化的视觉设计运用，是近年来设计的热门方向，简言之，就是提取具象的事物中最明显的特征，进行抽象化的表达，例如，莎士比亚曾将世界比作舞台，将世上的男女比作登台的演员就是典型的例子。其他的例子还有生命被比喻为一盏灯，或是一盘棋，等等。

博物馆的整体展陈设计需要具备艺术语言，从视觉上渲染符合主题的氛围。博物馆的展陈设计也是一种艺术创作，并且服务于艺术品，将艺术作品更完美地展现是设计师的责任，也是展陈设计的目的。例如美国堪萨斯城的第一次世界大战博物馆序厅，参观者从一座透明的玻璃长廊进入展厅，在他们的脚下是一片美丽的罂粟花田，我们知道罂粟花是纪念第一次世界大战阵亡者的象征物，智慧的设计者就是选取了这一极具象征意义的罂粟花作为讲述第一次世界大战历史的开篇（图 5-4-7）。

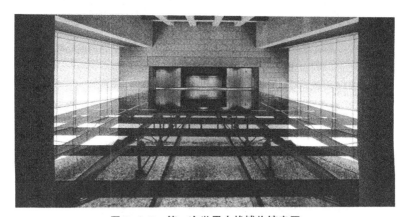

图 5-4-7　第一次世界大战博物馆序厅

另一个巧妙利用视觉符号的例子是圣路易斯的蓝调博物馆，为了追述美国黑人音乐沿密西西比河发展的源头，突出早期黑人生活的动荡，设计者用各种旧时的旅行箱作为基本展陈元素，创意贴切生动（图 5-4-8）。

图 5-4-8　美国圣路易斯的蓝调博物馆

（四）交互设计之造型要素表达

对各种造型元素的把握与运用是所有艺术家与设计师的基本功。点、线、空间、体、面、层次、对比、比例等作为设计的要素是我们每日必须面对的问题。一个好的设计不仅有优秀的设计构架，还需要与设计的执行者进行良好的配合沟通，达到设计应有的效果，架构起设计与实施的桥梁。这就如同在厨师的面前摆好了各种食材与调料，但火候的掌握就要看功夫了。设计也是同理，尽管火候的掌握需要千锤百炼，但对食材元素的了解却相对容易。现将设计中需要反复考虑的基本要素罗列如下。

1. 空间要素

在三维的立体空间中，每一独立物体在空间都应属于其自身的位置，上下左右按设计者的构想，在视觉有序排列。展陈设计就具有这种三间造型的特点，展陈的空间设计就是为观众提供观展空间，观众的进出，观众的空间移动，都是空间布局的范畴，因此设计的一个基本要素就是空间以及空间关系的处理。空间的布局不仅是对空间的合理安排，物尽其用，还需掌握设计的美感，达到一定的视觉效果。

2. 色彩要素

近年来的研究表明，不同的色彩可以表达人类的不同情绪，同时也可以对人的心情产生影响。在细节层面，每个人的感受是不同的；但是总体层面上，人们虽然来自不同的文化背景，但是所产生的感受一般是相同的。例如，人们看到红色，一般会呈现出激动的心情；看到蓝色，一般会呈现出安静的心情。在任何设计中，色彩的使用都发挥着极其重要的作用，不同的色相、不同纯度的色彩都会产生不同的影响，色相、色彩纯度、冷暖色调等，都是设计中常用的创作语汇，在展览空间中的色彩处理也会直接影响到观众的情绪。

3. 形状要素

正方形、长方形、圆形、三角形等是我们在日常生活中比较常见的平面几何形状；立方体、球体、圆锥体等是比较常见的立体几何形状。无论是生活中，还是展厅中，一切事物都具有这些形状的特征，例如展厅中展台和展窗的形状是长方形，树林中树的形状是圆柱体，天际线的形状则是一条漂亮的曲线。展陈设计师的设计往往会将设计融入图形中，需求空间想要达到的某一种效果。

4. 尺度要素

尺寸大小、相对比例大小，是设计中必须要考虑的重要因素。视觉差会影响平面与立体的感受不同。设计时可能会将作品中元素进行刻意地放大和缩小，改变原有的尺寸，大小的安排会更加突出设计者想表达的主体作品，体积较大的作品在视觉上更容易得到关注。

第五节　博物馆陈列展览中交互设计的设计途径

一、展示形式从静态转为动态

最开始的时候，受众所接触到的博物馆展陈环境是平面化和静态化的，人们被动地接收信息，然而现在，博物馆有了交互设计的加持，参观者在不同媒介和载体的帮助下能够更好地理解博物馆展品的客观性和蕴含的文化底蕴。动态化的展陈形式将参观者和展品连接了起来，让二者之间进行了互动，虚拟交互式的展示形式打破了物质实体与空间对受众的局限，将参观者参展的延展性进行了有效拓展。

合理运用交互性设计语言能够多维度地体现博物馆中所展示的内容，从而提高受众的参与性，也提高了受众接受信息的速度和效率。博物馆中的展品具有不可再生的性质，因此博物馆所展示的内容只是馆藏文物中的一小部分，这也让人们能够观看到的藏品是有限的。然而交互设计的引用改变了这种状况，人们能够通过数字媒介看到不能展示的珍品，同时还能通过数字媒介了解这些珍品的文化内蕴以及考古发现的过程，从提高了受众对展览内容的理解。

随着体验时代的到来和发展，受众的审美水平也随之提高，受众可以在展览活动中获得丰富的审美经验。目前，博物馆的展示设计不仅仅可以用来参观，也可以将原来"静态"模式变成现在的"动态"体验，让受众与博物馆展品之间通过数字交互技术进行互动，增加受众的体验，例如，在博物馆中可以应用互动、动作感应等技术提高受众的触感体验，从而激发和提高观众的探索欲。受众在数字技术的基础上充分认识了博物馆的展品，这样能够提高受众参观的积极性。博物馆展示要在展陈主题的基础上不断进行自我完善，为受众构建他们感官所需要的交互性语境，为受众提供有趣的感知技艺，从而将信息有效地传递给受众。

二、情感交互设计

（一）情感交互设计必要性

1. 情感是博物馆展示的内核

人类情感所具有的属性之一就是具有特别强的感受性，在交互设计中要考虑用户的情感反应，这样能够为受众创造出更大的价值。无论是自主的情感还是被动的情感都会对受众的认知产生影响，情感也就是体验。在博物馆中，无论是展品，还是售卖的物品，都不仅仅是一件物件，而是这个物件背后所具有的其他属性因素，这些属性元素可以是物件背后所蕴含的文化，可以是历史阶段的独特记忆，也可以是一种信仰。这些属性因素在一定程度上都会影响到受众的情感，而所产生的情感正是受众的体验。

2. 情感因素的匮乏与需求

随着技术的不断发展，博物馆展示空间中运用了越来越多的技术，这些技术的运用开始了盲目迎合民众的需求，在展示空间中运用了各种不明所以的设备，但是民众并不知道这些设备的作用，也不知道这些设备的操作步骤，民众没有对这些设备产生吸引力；因此，这些设备的使用并没有做到真正为参观者服务，而是技术的各种尝试和堆砌，并没有切实的应用到受众的参观流程中，这些技术只能说是博物馆的附加品。技术在不断发展，出现了体验经济，随之而来的是各种新媒体形式的出现，因此，展示设计中的视觉效果以及故事的讲述都要满足受众情感的需要，而物理上的互动和各种盲目跟风的技术就无法满足受众的情感需要了；满足受众的情感需求需要创造出新奇的空间环境，而这并不一定要运用复杂的科学技术。科技在发展到了一定程度之后，要想再次提升，就需要文化精神的支撑了。展示空间设计也是如此，技术不再局限展示空间设计的发展，而文化的融入会让展示空间设计得到了进一步的发展，文化和精神体验之间有着密切的联系，精神又和情感之间有着密切的联系。由此可知，民众对于博物馆展示空间有着强烈的情感需求，而情感在空间中也发挥着极其重要的作用。

3.情感在博物馆展示空间中的作用

丰富的情感语言所呈现出的情感展示形式是多样的，可以是压抑、沉重的，也可以是轻松、快乐的。博物馆中，不同的展品蕴含着不同的文化色彩，空间展示设计要将情感与展品结合起来，从而营造出整体空间的情感氛围，这样能够提高人们的关注度，并将人们带入到展品所蕴含的历史情感和文化中，提高了受众对展品的认识，从而达到了以情感人的良好效果。

艺术所要表达的是情感，而艺术又与设计有着密切的联系。设计领域中，许多设计中都体现了情感与设计的相互融合。苏州博物馆新馆由贝聿铭设计，贝聿铭在设计过程中，将自己对家乡的情感与东方传统美学的建筑进行了融合，并从设计的一开始就将情感融入了建筑之中，所呈现出的建筑具有很大的魅力，也具有很美的视觉效果。贝聿铭在设计过程中，将苏州的人文内涵、建筑风格、古典园林风格进行了完美的结合，设计中，博物馆位于院落之间，并设计了一个主庭院和多个小庭院，布局十分精巧。刚柔并济，对比中又有和谐，其中运用了中国"和"文化思想。苏州博物馆内部的展示设计也体现情感因素。苏州有一处著名的园林——狮子林，贝聿铭少年时期就曾在狮子林中度过了一段非常愉快的时光。人与自然的和谐，让他充分意识到人在与自然和谐共存中要因地制宜。之后，他对展品的特性进行了深入研究，苏作玉器、文房用品等艺术品有着精细、体积小的特点，与此同时也对人们在参观这些艺术品的情感心理进行了分析研究，为此，他专门设计了多宝阁式的展柜，整体考虑了不同展品的不同大小，以及不同展品放入展柜之后的和谐搭配，黑色框架线的粗细经过不断地推敲和不断地调整，从而实现了设计的最"苏州化"和展陈效果的最佳。这样的设计效果能够引起人们在地域文化上的情感反应，从而激发和提高人们的文化认同感。如图 5-5-1 所示，是苏州博物馆的展示空间图。

图 5-5-1　苏州博物馆展示空间

（二）情感交互设计在博物馆陈列展览设计中的呈现

1. 人与人的情感交互

博物馆展示设计中，人与人之间的情感交互依赖于交互活动或交互设备。观众在参与过程中，也形成了展览的一部分，从而形成了人与人之间的互动。人与人对于展览内容发挥着共同的作用，这也让他们有了共同点，从而让人与人之间的情感进行了交互。丹佛艺术博物馆有一个"驻足小憩"（Side Trip）互动空间展厅，在这个展厅中曾经举办了一场《迷幻之旅》（The Psychedelic Experience）的海报展，在这个展会上所展览的海报都是观众自己制作的摇滚海报，这个展会实际上就是将收集、评论和创作融为了一体，从而形成了一种互动活动，这个展会上并不是让观众进行天马行空的制作，因为那样会让观众产生为难的感觉，并且会增加观众的排斥感。这个展会为观众提供了形式各样的图案以及临摹纸，观众可以利用临摹纸临摹自己喜欢的图案，也可以将这些图案进行自由的组合，从而设计出独具特色的海报，并且这个展会会将这些海报放置在博物馆中进行展示。人们在活动中不仅能够充分表达自己，也能对他人进行欣赏，这样能够将更多的观众吸引进来，让人与人之间产生情感互动。西蒙有一部参与式博物馆著作《参与式博物馆——迈入博物馆 2.0 时代》，在这部著作中西蒙为了描述有了人们的参与才能构成展览这一观点，运用了大量的案例。这个深刻反映了从以"人"到以

"人的行为活动"，从"请勿触摸"到"欢迎参与"的博物馆展示中心的转变，这体现了人们参与的重要性，人们在参与过程中就展示内容进行了互动交流，人们参与的程度和体验的程度在一定程度上决定了博物馆展示成功的要点。

2. 人与展品的情感交互

人与展品之间进行交互就是通过利用一些装置或者设计方式，形成了人的多感受参与。人与展品之间的情感交互在博物馆展示空间中是比较容易实现的；比如，在扬州博物馆中还原了造纸坊的空间，参观者能够体验古代制作纸的过程，在这个空间中参观者能够感受到展品背后的文化情感，人与展品之间进行了情感交互。展品与人在情感上的反馈和互动，直接影响了人的体验。因此，人与展品之间所进行的情感互动是比较基础的，也是必不可少的，这也是设计者在设计过程中要格外关注的。设计者在设计过程中合理运用人与展品之间的交互性能够提高人们的感官体验。在维多利亚和阿尔伯特博物馆中，设计师为了增加人与展品之间的互动，在不破坏展品的基础上，将部分展品进行了复制，参观者虽然不能真正触摸到真正的展品，但是可以触摸这些复制品，除此之外，参观者也可以利用蜡笔将纹理印拓到纸上，提高参观者对于展品纹理的感受，从而促进人与展品之间的情感互动，提高人的体验感。

3. 人与空间的情感交互

人与空间之间的情感交互可以从空间环境入手，无论是展品的陈列，还是空间环境，都要考虑人与环境之间的情感互动。不同主题的博物馆需要配合不同氛围的景，从而营造出与景色内涵相符的空间氛围和展品环境，人们能够跟随景色而移动，从而实现人与景之间的情感互动。以长沙简牍博物馆为例，这个博物馆的空间环境以竹简为专题，用"竹"这一景物将博物馆的展示空间进行了布局。在这个空间中，竹和竹简与空间融为了一体，在这个空间环境中充分体现了简牍中所蕴含的中国文人精神；在这个空间中竹与建筑不仅进行了相互配合，也进行了对比，从而将空间的悠远历史进行了充分体现，将多样化的情感氛围进行了烘托。设计者为了突出人在空间中的参与性和历史情感的体验性，不仅运用了情境化的展出方式，而且也运用了青竹色作为空间的主色调，参观者在把不同的场景联系起来，能够对简牍进行充分的理解。在这个空间中，景色营造的氛围能够提高观众与展品之间的情感互动，帮助观众理解和感受展品的深刻内涵，展品的精神也在观众的情感认同中得到了长久的延续。

（三）博物馆陈列展览设计中的情感交互设计发展趋势

1. 从被动访问到主动对话

博物馆展示在最初的时候主要是为了收藏和展示藏品，并以开放的形式供受众参观，观众进入博物馆，也只是为了参观原始藏品。技术在不断发展，人们的思想观念也随之改变，其中一个明显的转变就是博物馆展示的目的和任务发生了变化，从开始的以收藏为中心发展成了以游客和社区为中心；从为藏品提供保存和展示的任务发展成为公众提供有意义的展示活动和互动体验学习，这时，情感交互的理念在博物馆展示空间得到了很好的发展，这也意味着人们除了关注藏品本身之外，也越来越关注人与展品、空间和环境之间的存在的联系。随着科学技术的不断发展，出现了新型的博物馆，在新型博物馆中将互动与数字媒体进行了整合，并且越来越重视受众对博物馆展品情感体验的增强，并且所呈现出来的复杂程度和沉浸程度指数呈逐渐增长的趋势。比如，目前有很多科技博物馆，在这类博物馆中运用了大量的新媒体技术，以此来吸引游客，提高游客对展览内容的参与和互动，让游客的参观体验更加有意义，从而有效提高了博物馆展示空间的社会性和互动性。艺术博物馆也同样如此，以阿姆斯特丹的国立博物馆为例，在这个博物馆中，应用了增强现实技术，参观者通过"劫持"其内容来"玩"展出的画作，参观者可以通过这种技术可以重新运用这幅画，从而拉近人与艺术之间的距离；这种方式的运用也促进了观众与博物馆展示内容之间的互动，从而增加了游客对博物馆及其展示内容的记忆和印象。

2. 从关注个人到关注人群

目前，人们对于参观博物馆的主要目的之一就是希望有一个非正式、娱乐性、体验性的学习过程以及期望通过参观博物馆建立社会关系。但是，这需要经过长时间的沉淀才能得以实现，因为博物馆需要一定的实践对不同类型的观众加以区分，并通过不同的方式让观众参与其中。在早期的博物馆，参观者并没有进行区分，最多采用了某种形式加以区分。随着社会的发展和实践的推移，不同类型的群体得到了越来越多的关注，并且每种类型的群体有着不同的需求和兴趣。随着互联网的发展，人与人之间的交流和合作出现了新的形式，与此同时社交媒体也得到了快速的发展，这在一定程度上促进了博物馆的发展，博物馆不仅仅要面向本国家、当地和现场游客，还要面向全球公民。因此，这对博物馆的展示设计提出了更高的要求，博物馆展示设计要结合不同观众的兴趣和需求，在群众和影响因素之间找到平衡。

3. 从单一到系统的设计

目前，博物馆逐渐从单一博物馆转向了相互联系的博物馆，博物馆只是任何组织网络的一部分。在体验设计层面，博物馆的这种转变意味着社会越来越关注人们参与相互联系的人和组织整体系统的经历以及个别博物馆在这些生态系统中所发挥的作用。博物馆展示实际中的情感交互设计非常关注情感因素，人们越来越关注博物馆的展示设计，随之而来的是越来越关注人与周边环境的交互。由此可知，情感交互设计在将来不应该局限在单一的展示设计领域，应该充分考虑博物馆的各个设计系统，甚至可以将单一的博物馆向其他的博物馆的情感进行延伸，这种思维的多项转变和创新能够极大地促进博物馆展示设计的发展，这也要求设计师的视野是开阔的，要将游客的情感体验定位在一个完整的系统中，从而全方位地发挥情感交互在博物馆展示中的作用。

4. 扩展参观的体验边界

随着网络技术的快速发展，出现了多种多样的交互形式。互联网技术的应用打破了时空的限制，并且互联网技术在人们各类活动领域中得到了很好的应用，如 VR、AR 技术，在数字网络交互技术的基础上发展而来，将文字、图像、声音、动画等进行了充分结合。人们通过网络互联的思维模式打破了对传统博物馆展示信息传播方式的认知，并且提出了更多的创新交互要求——博物馆展示要更加情感化、艺术化、技术化以及虚拟化等，因此，新时代下的博物馆展示设计面临着人们的新需求，也面临着新的挑战和机遇，与此同时，也赋予了博物馆展示设计新的生命力。

随着网络化的交互发展，游客可以在参观前和参观后通过交互设计对博物馆的场景进行访问，游客在参观前规划期间可以通过访问网络化的交互场景获得他们感兴趣的展品的相关信息，并且在游客参观前和参观后访问期间要跟踪游客的记忆和思考，这样能够将参观的体验边界进行大大的拓展。通过了解游客在参观前、期间、之后对博物馆的情感感受，可以促进博物馆的不断创新的发展。由此可见，通过先进的交互技术，游客对博物馆展示的体验不仅仅局限于现场，还可以在网络化的交互场景中获得情感体验，除此之外，也可以将个别事件与完整、难忘的个人体验联系起来。

目前，博物馆面临的挑战之一就是如何利用新的信息和通信技术来提高游客的参观体验，其主要的方法就是将参观的体验边界，包括：（1）访问前阶段，主要用于规划；（2）访问期间，帮助游客查阅他们感兴趣的展品及其相关信息；（3）访问后，用于记忆和反思。网络技术的应用能够让游客提前规划他们的访问以及提前熟悉博物馆。虽然目前已经有了很多博物馆应用网络化新技术的研究，但是很少有人能够提出一种超越单一现场访问的通用技术解决方案，今天多种多样的移动程序加剧了这一挑战。总之，参观前和参观后现场之外的访问能够促进人们的情感互动。

三、虚拟现实交互设计

（一）虚拟体验中交互的分类

按照交互方式的不同，虚拟体验的交互性可以分为三种，分别为"感官层交互""行为层交互"和"反思层交互"。

1. 感官层交互

感官层交互是指人在视觉、听觉、味觉、触觉等感官层面上与图像、声音等计算机生成的网络空间（cyberspace）之间的互动，也就是人的感官和感觉发生变化的同时，计算机能够实时地产生与之对应的图像或者声音等。以虚拟服装博物馆为例，在这类博物馆中，利用这种交互方式，可以将另类的表演艺术空间呈现出来，比如，游客通过一些数字硬件设备可以选择自己喜欢的古代服饰，并且在画面中可以显现出自己身穿古代服饰的样子，并且游客可以自由变换服饰，形成不同的虚拟影像。

2. 行为层交互

行为交互指的是人在行为上与虚拟空间中的物体进行互动的过程。感官层交互，只是感觉上的虚幻，人们无法感受图像中物体的实际重量、软硬程度、运动速度。如果给虚拟空间中的物体赋予几何学、材料学、运动学、动力学等属性，并且通过某种设备人们在虚拟空间中能够触摸到这些物体，计算机能够在人们触摸的同时将这些属性传递给人，从而人产生了与触摸真实物体一样的感觉，因此，这种行为互动能够增加人们的真实感和身临其境感。在虚拟服饰博物馆中，游客能够通过特殊设备能够触摸虚拟服饰，计算机在游客触摸的同时能够将服饰的物理属性传递给游客，这样游客就如同触摸真实服饰一样。游客在虚拟空间中可以触动自己身上的服饰，会得到真实的触感。在传统实物服饰博物馆中，为了保护和收藏文物，这些做法是不被允许的，但是在虚拟博物馆中却是轻而易举地就能做到。

3. 反思层交互

在虚拟现实交互设计中，人们不用考虑场景和行为在现实生活中的可行性，因为虚拟现实的形式可以让人们在虚拟空间感受到与真实情境一样的感觉，虚拟的影像和虚拟的声音能够将人们带到一个非现实的赛博空间，让人们体验到现实中不可能出现的场景，并且也不会浪费和消耗太多的物质能源。由此可知，人们通过虚拟现实交互技术能够很容易得到一种精神反思层面的思考，人的思想能够对现实世界的变化进行非常直接的控制。随着科学技术的发展，除出现了最新的脑机接口技术 BCI，人们通过这样的技术能够用大脑电波直接控制电脑鼠标的移动，从而让人的意念控制物体成为可能。反思层交互更加关注的是人的心理因素对人交互方式所产生的影响。

（二）虚拟现实交互技术的设计原则

虚拟现实交互设计要充分考虑受众的行为反馈，并且要在受众行为反馈的进出上进行虚拟世界的构建，从而进一步优化人机交互的体验感。设计过程中，要综合考虑各种因素，如虚拟环境、受众对象、受众行为和体验，等等。其中环境设计过程中要综合考虑整体场景中的各类景别，要对各类场景化的内容进行有效设定，如远景、中景、近景、特景以及虚拟人物等。虚拟人物设计要细化人物的性别、身高等，从而增加整体沉浸式艺术在表达过程中的真实性，从而提高受众的体验感。设计相应的体验对象是，要综合考虑设计对象的整体效果和艺术审美效果，并在人体活动相应方式的基础上进行设计，从而增加整体设计对象与受众感官之间的联系。在体验层面，要综合考虑受众的体验。优化体验的过程中，要对是受众的各个角度进行综合考虑，如受众的客观审美、主观情感、综合知识、交互能力，等等，从而丰富交互设计的元素；除此之外，要有效运用多种表现手法，如共情反馈、迭代艺术性等。例如，优化体验效果的过程中，让受众与整体交互艺术之间产生共情，从而引起受众的共鸣。这样就需要设计师把握好受众自身的兴趣，充分结合设计与受众的实际情况，从而让受众在体验虚拟世界的过程中产生共鸣，提高受众与虚拟世界的交互性，增强整体交互作品的沉浸性。要想增强艺术作品的共情性，就需要应用交互技术的过程中综合分析受众的情感要素，通过共情的方式充分体现虚拟现实的设计原则。

（三）虚拟现实技术在博物馆交互设计中的应用

1. 情境体验设计

在情景的基础上产生了情境，情境实质上是情景本质精神的提炼与升华。情景的最高境界表现在"似与不似之间""神似而非形似""欲说还休"，将思想的主动权交给了观众，让观众在广阔的虚拟空间中进行联想、回忆和思考。在服饰博物馆中，可以通过情景设计为服饰展品营造一个与之相适应的有意境的场景，从而将馆藏品更好地展示给观众，让观众能够体验到服饰文化的相关信息，让观众有一个更深入的心理体验。如对一件苗族服饰藏品进行虚拟情景设计，在虚拟情景中要将苗族的生活风俗和生活场景描绘出来，通过虚拟人物呈现出那个时代苗族人民的生活方式，让观众与那个时代的苗族人民生活进行亲密接触，从而让观众更加深入地了解苗族服饰文化。

随着虚拟现实交互技术的发展和应用，人们在博物馆中能够得到更为优质的沉浸式文化体验，人们对博物馆的参观期望逐渐增加，人们能够通过沉浸式的情景，互动体验式地学习和了解相应的文化内容，从而增加了人们对整体文化的情感。具体应用中，虚拟现实交互技术能够采用叙事性的形式对文物进行动态讲解，并且在动态境界过程中对文物进行综合性的展示，从而有效发挥博物馆的文化属性。以宁夏固原博物馆为例，这个博物馆中的藏品通过虚拟现实技术的运用展示在观众面前，观众进入系统后通过人机交互可以自由旋转方向，能够全方位地观赏场景中的藏品，能够体验到与真实场馆一样的场景，零距离地接触藏品和领略藏品背后的文化艺术内涵。

对着博物馆的不断发展，运用了多种现代技术，有虚拟现实技术，有虚拟仿真技术，也有混合现实技术。通过计算机将博物馆形成具有三维空间的虚拟世界，并且通过多元化的信息融合交互方式提高了整体三维情景的仿真效果，提高了观众在体验过程的真实感。讲解文物过程中，可以运用虚拟现实的方式对文物的时代背景和其他信息进行叙事化的讲述，并且通过沉浸式的方式有效还原文物的时代背景和使用背景，从让观众更好地了解文物的创作背景、时代背景以及历史文化内涵。虚拟现实交互技术的应用能够营造博物馆藏品的叙事空间情景。例如圆明园，沉浸式虚拟交互技术的应用能够还原圆明园自身的情景，让游客置身其中，从而让游客体验到圆明园的美丽风采。由此可知，场景化内容的构造能够提高观众参观博物馆的感知度。

2. 角色体验设计

观看者通过沉浸式的体验能够加强和丰富自身的感知维度，同时，虚拟现实交互技术的有效运用能够促进博物馆的文化传播，也能够优化博物馆的发展模式，彰显博物馆文化叙事的主体性，从而使博物馆文化得到更好的发展和传承。在虚拟现实交互技术的帮助下，观众对博物馆的展品有了全新的解读，观众不仅在现实中用眼睛去观看博物馆中的展品，还可以通过虚拟世界参与其中，更加直观地认知展品，增加了观众的身临其境感，从而加深了人们对博物馆展品的记忆。

体验层面下的虚拟博物馆展示方式要将人的精神感受作为重中之重，虚拟现实交互设计要始终坚持以人为本。在传统博物馆中，观众缺少参与性和自主性，在参观的过程中不能得到个性化的感受和体验，对展品的了解也不深入，只停留在展品本身，无法了解展品所蕴含的文化内涵。在服饰博物馆中，角色体验设计的应用能够让观众在虚拟世界中穿上某个时代的服装，并融入到虚拟世界对应的场景之中，在虚拟世界中扮演自己喜欢的角色，这样能够加深观众对服饰及其文化内涵的了解。

在传统博物馆中，其展陈的方式对于参观者的感染力较弱，与参观者之间缺乏情感交流，而现代博物馆中，在展陈方式中应用虚拟现实交互技术，让观众的感官有了更多的沉浸式体验，在情感上得到了极大的满足，这样大大增强了博物馆对参观者的吸引力。以大英博物馆为例，这个博物馆是世界四大博物馆之一，开发了一款能够支持眼触摸（Oculus Touch）体感控制器的虚拟现实交互应用，观众带上体感控制器之后，能够在虚拟空间中跟踪他们的手部姿势和定位，从而观看和对比博物馆中的藏品。这款应用也具有很强的互动性，观众带上体感控制器之后，能够在虚拟空间中与收藏品之间产生互动，并且虚拟现实沉浸感能够让人们获得触摸收藏品的真实感觉。

四、创新的表现手段

新颖的外观往往可以第一眼抓住观者的眼球，给人留下深刻的记忆，外观如何让人记住是设计者需要思考的重点。博物馆展陈的表现手段应调动一切能够引起观众注意的可能，它所包含的手段除了建筑艺术与空间的设计，还吸收了其他艺术门类的表现手法，包括舞台艺术、影视艺术、绘画、雕塑、装饰艺术、现代装置艺术、民间艺术甚至表演艺术与橱窗设计等。凡能吸引观众、能够产生深刻印象、引发视觉震撼的手段统统应该进入设计师的视野，用以创造出戏剧性的展示氛围。设计不仅需要局限于空间平面的安排错列，还需要时刻关注新时代的科技发展，技术手段的提升也会带来震撼的视觉冲击力。下面是几种常见的展陈设计手法。

（一）巧妙的空间安排

博物馆空间本身错落有致，展陈的表现手段不但要体现内容，也需要在视觉表达方面配合空间的节奏。展览的巨大信息量必须诉诸多种渠道传达给观众，因为过多的文字阅读会让观众感到疲劳，而通过丰富的视觉表现手段则可以提升观众的参观兴致。首先是巧妙的空间布局，如移步换景、曲径通幽、虚实结合等，这些建筑与园林的空间设计原则也同样适用于博物馆的空间设计。

博物馆的前厅、序厅、主厅、副厅、卫星厅、走廊或广场一类的空间布局并非随意的建造，它需要设计者考虑到参观者的观看感受，疏密得当的安排。如纽约大都会博物馆，浩瀚的藏品数量极易流于杂乱，使观者不知其踪并迷失方向。但大都会博物馆的设计理念却非常巧妙地首先按照世界史年代与区域文明划分，如古埃及、希腊罗马、远东、中东等，进而又在大的时代与地域划分的基础上进行空间的主次搭配。如整个博物馆中设有若干个大型场景主馆，如"古埃及神庙""中式园林（苏园）""中世纪庭院"与"美国广场"等，而围绕着这几个大厅的则是相关的具体展览内容。如此的空间布局真可谓一举数得，观众的参观节奏张弛有度，既可以在各个副厅的展品中凝神欣赏，又可以在观展中途在主厅中小憩时享受景观（图 5-5-2）。

图 5-5-2　大都会博物馆

另一个现代版的范例是纽约的"9.11"国家纪念馆。展馆的空间内外呼应，室外两个巨大的水池标示着建筑的原址，纪念馆展厅在地下沿着下沉的水池四周布局：观众从地面的建筑入口进入博物馆，宽敞的倾斜坡道引导观众深入地下展厅，沿线像雕塑一样点缀着被大火烧得变形的钢架和滚梯废墟，从通道上间或设置的平台向下看去，可以看到底层纵深的原建筑地基。展馆的地下建筑空间设计丰富，流线多样，步步借景，大小虚实结合，有收有放，大中有小，细节的结合堪称精彩（图 5-5-3）。

图 5-5-3 "9.11"国家纪念馆

（二）新颖的形式表达

近年来博物馆的发展规模越来越壮大，数量上大大增多，观众群体也随之扩大，人们开始不断关注博物馆的各种展览，希望看到一些形式多样的展览。因此展览形式也需要不断创新，给观众带来新鲜感。

展陈设计师们与其他行业的艺术家一样，也一直在孜孜以求地努力着，每当接受一个新的项目，如何找到最新颖的展陈艺术形式就成为设计的核心。

日本横滨的泡面博物馆是一个非常奇特的展览，主要以泡面为主题，展示泡面的演变过程以及制作流程，并且泡面的口味也十分全面。简约、现代是它展示给来访者们的第一印象，从建筑外观，极简主义的艺术风格，甚至地板与墙面的颜色都高度协调，充分展示出日本的文化特点。"泡面"的主题处处可见，从玻璃展柜中一排排五颜六色的泡面到单色醒目的主题雕塑；从参观者亲自动手参与制作的车间到看起来像个工厂但实际上是个供孩子们嬉戏的主题乐园，从泡面诞生的历史到供大家品尝的特色餐厅，这里的一切都令人感到新奇与轻松（图 5-5-4）。

图 5-5-4　日本泡面博物馆

位于德国慕尼黑，建于 1973 年的宝马汽车博物馆是一个工业主题馆。它那被叫作"灵感"的动态装置表演吸引了来自全世界参观者的眼球。这是最早的 3D 矩阵表演装置，714 个悬吊的钢球在数控电机的驱动下，在空中组成不断变换的三维图案，包括在空中组成一个漂亮的汽车雕塑。这个装置是这座博物馆的点睛之作，尽管位于斯图加特的奔驰博物馆的设计也极为精彩，但宝马博物馆单凭这座"灵感"装置就足以令所有到访者过目不忘，也令广大设计同行们拍案叫绝（图 5-5-5）。

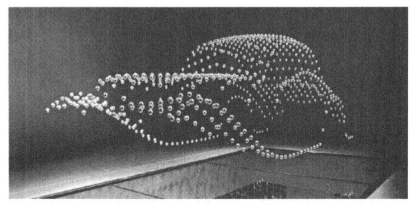

图 5-5-5　宝马汽车博物馆

第六章　数字博物馆交互设计应用实践

　　随着数字信息技术的快速发展，数字博物馆不仅解决了时间、空间等因素对人们的限制，同时也在一定程度上拓宽了博物馆交互方式。本章节内容为数字博物馆交互设计应用实践，主要从数字博物馆概述、数字博物馆沉浸式交互设计以及数字博物馆交互设计案例——秦汉瓦当数字博物馆三个方面展开分析。

第一节　数字博物馆概述

一、数字博物馆之产生

（一）藏品登记的自动化

　　纵观世界博物馆的发展历史，二战之后是考古发掘大发展的时代，伴随着科技进步和历史研究的深入，大量文化遗存和文物得以出土，这使得文物数量大幅度增加。博物馆因此也进入了一个大发展大繁荣时期，十几年甚至几年就建立起来的博物馆比比皆是，但是几乎大部分博物馆并没有充分具备筹办博物馆的条件，特别是馆藏条件。藏品登记工作依靠的是较为原始的纸质卡片，难以组织和管理，为藏品信息的及时更新带来困难。特别当馆藏文物数量激增的情况下，藏品登记人员忙于建立纸质记录而无暇顾及其他事务。此外，纸质卡片的录入方式显然不便于检索，许多关键的、个性化的信息并不能在常规分类时得到反映，当藏品信息被交叉引用时，往往也只能归入一类而舍弃其他类。不仅如此，此时博物馆的藏品信息管理十分原始和不完善，没有准确和完整的档案系统，仅仅依靠博物馆馆长和藏品登记员的共同记忆来维系。藏品信息的记录和管理成为一个困扰博物馆学界的难题。

伴随着 60 年代新科技的产生和发展，社会知识传播途径的多样化和人们对信息需求的多元化对于传统博物馆产生了更高的要求。社会的迅速发展也使得人们的教育观发生了改变，终身教育、全民教育的观念开始深入人心。60 年代联合国教科文组织成立了教育局，1967 年以后终身教育就广为人们所重视，成为教育改革的一股洪流。在这样的社会背景之下，博物馆对其作为教育机构的职责更加明确起来，公众对博物馆及其藏品的关注日益增加，也更迫切地需要获取藏品信息及知识。他们不再把博物馆当作一个放置物品的仓库，而是期待博物馆在教育和文化遗产的展示等各个方面发挥更大的作用。这势必要求博物馆在藏品的信息检索方面和展示方面做出更大的努力。

美国一些博物馆机构和组织开始投入到博物馆藏品信息自动化登记和管理的研究。1967 年史密森学会开展了一项计划，希望能了解在博物馆中实现藏品信息化管理的潜力。1969 年其所研发的数据管理系统 SIIR 问世。1968 年俄克拉荷马大学研发了 GIPSY 系统，希望以信息检索为导向的整体性数据库为全美博物馆中民族学方面的藏品所用。60 年代末期，博物馆计算机网络组织建立起来，其成员包含了大都会艺术博物馆在内的一批纽约的博物馆。MCN 作为博物馆讨论其普遍存在的信息方面问题的平台，期望能解决人文艺术方面的计算机技术应用问题，并建立整体的藏品管理数据库，成为整个城市、国家乃至全球共享的网络数据库终端。但在实际使用方面，只有少数美国的大型博物馆使用计算机来进行藏品登记和管理，这一方面源于当时博物馆界流行的一种普遍错误认识，即只有拥有大量藏品的博物馆才需要用计算机进行藏品登记和管理；另一方面源于当时的现实，即计算机不但价格昂贵而且体积庞大，在使用上不仅要设置专门的场地，而且还要配备专门的计算机操作人员。这些情况为计算机的广泛使用设置了重重障碍，导致此时博物馆的藏品自动化记录和管理往往只是少量而简略的。

（二）藏品管理的自动化

70 年代整个社会激荡着大教育观的热潮，其突破了传统的就教育而论教育的小教育观，将教育看作社会系统中的一个大系统，包含了学校教育、家庭教育、社会教育，提倡终身教育。这种教育理念的革新影响了人们对知识的认知和获取知识的方式，使得公众对博物馆所扮演的角色提出新的要求。作为一个面向公众的教育服务机构，博物馆需要提升管理水平和公共服务能力。为了适应社会的需要，博物馆界开始对博物馆进行了一系列的调整，努力结合时代发展调整内部架构来达到更适应社会需求的目的。1971 年在巴黎和日内瓦召开的第九届国际博协大会主题是"为人民服务的博物馆：今天和明天；博物馆的教育和文化功能"。1974 年第十届国际博协大会的主题是"博物馆与现代世界"，大会还制定了博物馆服务于社会的宗旨。从这些举措中可以看出国际博物馆界一直致力于博物馆对社会的关注，并不断对博物馆进行改革和调整。

在这样的背景下，博物馆开始关注藏品的利用，策划展览，开展教育活动。然而在实际操作过程中，出现了新的问题：一些博物馆发现通过存于计算机内的藏品记录很难检索到自己期望的信息内容，还有一些博物馆发现计算机的管理只是早期蹩脚的人工系统的翻版。问题出现的原因主要来自两方面：一是一些博物馆工作人员缺乏专业的计算机操作技术和数据处理的概念；二是没有合适的软件来解决信息的管理，检索和查询问题。第二个原因，已经被 60 年代就开始使用计算机实现自动化的博物馆意识到，史密森学会就一直致力于信息管理和使用的研究。70 年代早期，史密森学会发布了 SELGEM 软件，可在不同类型的计算机上使用，此软件替代了早期的数据管理系统 SIIR，其主要目的在于进行藏品信息管理，实现藏品的存贮、组织和检索查询。第一个使用此软件的博物馆是美国国家自然历史博物馆，截至 1975 年，已有超过 60 家博物馆使用。虽然其初衷在于全美国的博物馆都能使用此软件，但由于一些博物馆专业人员的不满，而终未实现。除 SELGEM 之外，还有一些有影响力的软件，如 ARTIS.ELMS 等。这些系统主要使用树形结构的层次化逻辑对数据进行组织，自上而下地对藏品进行归类。由于建设之初是以满足自然历史类博物馆的需求为出发点，因此其数据库模式在自然和历史类藏品管理上获得了成功，但不适用于艺术类藏品。

由于难以形成统一的标准藏品管理系统，许多博物馆开始自行开发系统。到 70 年代中期，形成了比较尴尬的局面。博物馆内部不同部门，博物馆之间都在建立自己的系统，但由于缺乏计算机专业知识的支撑，彼此很难交流，实际工作遇到了很多问题，藏品信息也难以得到很好的利用。针对这样的情况，一些专业组织相继成立，为博物馆提供有关藏品信息管理方面的计算机，数据库等知识，并帮助构建新系统或改建已有系统。博物馆数据库协调委员会便是其中之一，它致力于建立数据标准和记录规范，对数据分类进行定义等以帮助博物馆对藏品进行有效的组织和管理，为未来数据的共享奠定基础。除了藏品管理系统理论和技术的发展，博物馆也在尝试开发各种软件包以解决博物馆的人员、资金等的管理问题。DAMIS 就是一款相对比较完善的商业软件，涉及财务管理，会员管理、资金管理，邮件管理等多个方面，对于非营利性的组织是完全免费的。一些博物馆工作人员利用此软件来处理博物馆的相关事务。

（三）多媒体和关系数据库的出现

全社会对文化遗产的保护意识在 80 年代不断增强，对文化遗产的研究热度持续升温。作为保护人类文化遗产最重要的机构之一，博物馆对文化遗产的保护发挥着极其重要的作用。国际博协曾连续召开大会对博物馆和文化保护的相关问题进行专题研究。1980 年 10 月在墨西哥举行的第十二届国际博协大会的议题就是 "世界文化遗产和博物馆的任务"；1983 年第十三届国际博协大会的主题是 "博物馆在发展的世界中的作用"；1986 年 11 月在布宜诺斯艾利斯举行的第十四届国际博协大会的议题是 "博物馆与我们遗产的未来，紧急呼吁"。随着国际博协大会的连续召开，各国博物馆在参会过程中不断增强了自身对文化遗产保护的紧迫感和使命感。

在这个阶段，博物馆研究的相关理论主要围绕着人与物之间的关系。1980—1983 年，国际博协博物馆学委员会研究认为应该将人与物的关系的思想纳入三条主导思想中的第一条。博物馆发展中的以人为本在实践中进行，并非只停留在理论层面。越来越多的学者意识到在提升藏品数据库的过程中博物馆需要考虑到公众的需求，为观众提供尽可能内容充实，形式多样的藏品信息。

幸而，80 年代科技进步的产物成为以上主旨思想实现的助推力。随着计算机硬件的发展，计算机提升了处理速度，总体积再次缩小，出现了微型计算机，即个人电脑。这种桌面式系统不仅价格更加便宜而且操作更加直观，大大降低了使用的门槛。许多小型博物馆也开始购置个人电脑来提升博物馆的管理水平。根据国际博物馆协会的调查，截至 1989 年，86% 的博物馆都在用个人电脑。此外，科技的进步也体现在 80 年代中期多媒体技术的出现。计算机可以将文本、图形、图像、声音和视频等多种媒体进行结合，并让各媒体间建立起逻辑性的连接，并对其进行采样量化、编码压缩、编辑修改、存储传输和重建显示，这种多媒体投入的应用丰富了藏品信息的内容和形式，而且扩展了博物馆的展览，增强了博物馆的交互性，拓展了宣传的信息渠道。以数字化方式呈现的可观、可感内容对参观者产生了很强的吸引力，满足了他们的欣赏需求，增强了其参观体验感。

硬件的发展也促使软件提升。首先在数据库方面，80年代，关系数据库逐步取代了层次与网络型数据库成为主导，数据间可以交叉引用，各库之间的数据可以互通，孤立状态被打破，这使得数据的搜索更加灵活，能够按更多个性化的条件进行筛选。数据库不仅共享性高、冗余度低，而且易扩充。依托关系数据库，研究人员开发出了一批商业的博物馆藏品管理软件，如 Vernon，Argus 和 KE-Emu 等。但由于这些商业软件在开发之初都是为特定的博物馆量身定做的，只能满足特定类型的藏品管理需求，因此很难广泛通用。

这一阶段的发展也有其局限性，很多博物馆学专家已经意识到，为使博物馆资源有效且快速地被提供给使用者，制定相关标准化规范相当重要，将资源结构化，提供检索界面，以便使用者快速查询利用。但博物馆界在数字化藏品信息的标准方面未达成一致意见，并且由于藏品信息交换标准的缺失，博物馆采集的藏品信息不完全适应博物馆馆际交流工作的需要。

（四）数字博物馆的产生

90年代技术的发展特别是互联网技术的发展和使用使得全社会进入信息高速时代，全球的信息以惊人的速度汇聚到一起，并向各个角落传播。依托虚拟空间，整个世界的时空皆被打破，人们的工作方式和生活方式均发生了翻天覆地的变化，人类跃入了一个新的时代——信息化时代。互联网技术的深入拓展彻底改变了计算机之间相互隔绝、只能靠存储工具交换信息的面貌，为世界范围内分立的个人终端相互连接提供可能，计算机网际间的交流更为普遍。人们对于博物馆有了更多的期待，希望通过网络随时获取更多的藏品信息。为了满足公众需求，更多的博物馆利用互联网将藏品管理系统向公众开放。

20世界90年代中期，出现了计算机视窗操作系统，这个系统以面向对象为设计原则，与之前以面向过程为设计原则的 Dos 操作系统相比，进行了改革创新，大大地改变了人机关系，更为先进，对计算机应用的普及发挥了重要的推动作用，同时也促进了计算机产业的发展，改善了软硬件和网络环境。同样，计算机的改革影响了博物馆的发展，博物馆藏品的信息进行了数字化改变，从而形成了数字藏品信息，这些数字藏品信息通过计算机能够被无限地复制、存储和加工，这些信息在网络上发布之后，用户可以在网上进行浏览和下载，这极大地促进了博物馆藏品及其背后所蕴含文化内涵的传播。除此之外，不同地域的藏品通过藏品数据资源在一定程度上能够联结起来，这样各个博物馆分散保管藏品而导致难以集中研究和展示的现状大大地被改善了。博物馆之间在最低成本的基础上得到了最广泛的信息共享，也方便了用户对藏品信息和数据的检索和查询。

技术的大发展推动了更多的博物馆学者积极探索网络环境下的藏品信息数据的标准化问题。针对 80 年代藏品信息交换标准缺失这一问题，更多的博物馆从业者和机构开始了研究和探索，成果斐然，为未来数字博物馆的发展提供了更多技术上的可能性。90 年代，人们仍在进行信息管理系统标准化的尝试，如 1990 年博物馆计算机网络组成了博物馆信息交换联盟，旨在为博物馆的数字信息交换建立标准方式，许多大型博物馆如英国自然史博物馆、美国史密森研究院等所属的各博物馆都加入了该组织。CIMI 自成立以来，就积极推动几项相关研究与计划，大力发展标准架构，致力于信息结构化及信息交换标准的研究及其应用研究等，使博物馆资源得以有效地传输和利用，促进博物馆之间的资料交流与分享，实现区域间、国家间的相关资源共享。此外，90 年代末，关于构建数字化博物馆的标准研究也在这时取得了突破，如国际博物馆协会下的国际文献委员会制定了 The CIDOC Information Categories 国际标准，涉及博物馆藏品对象的所有权、藏品的历史背景和检索对象的多个方面。

随着计算机技术的发展、计算机理论的研究以及相关标准的制定，博物馆藏品在数字化技术、信息管理、网络建设等方面都得到了快速的发展，逐渐形成了数字博物馆，并且其研究成效斐然。1990 年，美国国会图书馆启动了一项计划——"美国记忆"计划，试图将藏品进行数字化的处理和存储，并将这些藏品编辑成系列化的专题作品。这个计划的实施可以说是"数字化博物馆"思想的早期实践，这也标志着数字化博物馆建设理念从理论探讨走向了实际建设。20 世纪 90 年代初，美国伊利诺斯大学的 Kraanet 艺术馆率先在互联网上建立了网站，虽然网站上的对于博物馆及其藏品的相关信息比较简略，但是 Kraanet 艺术馆开创了博物馆网站建设的先河，也对其他博物馆的网站建设有一定的借鉴意义。之后，众多世界级的大型博物馆紧跟其后纷纷开始了网站建设，如大英博物馆、法国卢浮宫博物馆、纽约大都会博物馆等。20 世纪 90 年代中期，美国及欧洲地区的博物馆基本实现了数字化建设。

随着博物馆学界对博物馆理论的不断探索和实践，数字博物馆才得以形成，并且博物馆学界一直致力于博物馆的改革工作，为博物馆的发展做出了巨大贡献。1992 年，举办了第十六届国际博协大会，并以"博物馆职能的再思考"作为此次大会的主题；1995 年，举办了第十七届国际博协大会，这次大会的主题是"博物馆与社区";1998 年,举办了第十九届国际博协大会,此次大会以"驾驭变革——面对经济和社会挑战的博物馆"为主题。从这些大会主题,我们就可以看出,国际博协对博物馆如何适应社会和时代的发展进行着不断的探索,致力于博物馆融入社会。

而随着互联网技术的迅速发展,博物馆界对如何利用好互联网络这种新的信息传播手段,为大众提供信息服务,推动博物馆事业发展这一议题有了更多的关注。1997—1998 年,美国博物馆协会出版了《有线博物馆》和《虚拟与现实:博物馆中的媒体》两本著作,共同关注将科技应用于博物馆的诸多方面,促使藏品数字化、网络的利用和数据共享、数字化藏品资源的版权等成为议题。20 世纪90 年代末,出现了"自下而上"的博物馆展示教育理念,这个理念的出现标志着博物馆从之前的"教育中心"逐渐转向了"学习中心"。在这个理念的基础上,观众成为知识的缔造者和传播者,而数字博物馆的出现对观众而言显然是一种全新的体验,其自主、多元化、互动性更强的服务更加满足观众的需求,与时代的结合显然更为紧密。

二、数字博物馆概念

自从数字博物馆出现之后,博物馆学界对数字博物馆的概念持有不同的看法,并且随着科技的发展,数字博物馆的概念也随着发展和变化。不同的研究者对数字博物馆的概念进行了不同的解释,虽然内涵基本一致,但是也有一些差异。因此,目前为止,数字博物馆的概念仍然没有统一的界定。

数字博物馆的早期定义,有学者认为,实体博物馆的展览和 Web 的超媒体环境之间的共同特征是都通过文字、图像、视频等媒体形式传递相关信息,并且其信息组织都具有层次化,虚拟现实技术和三维成像技术的应用极大地促进了数字博物馆的发展,使数字博物馆看上去与实体博物馆一样。数字博物馆具有很多优势,突破了时空的限制,让观众不用亲自前往实体博物馆就可以进行博物馆的参观,除此之外,博物馆的数字资源能够帮助学生学习,提高观众的学习体验。数字博物馆在不断发展过程中,出现了对于数字博物馆的其他描述,也产生了很多数字博物馆的近义词,如虚拟博物馆、电子博物馆、在线博物馆、网络博物馆、赛伯空间博物馆、无墙博物馆等,这些类型的博物馆与数字博物馆都有着基本相同的概念,但是相对来说,数字博物馆的使用频率最高。

　　数字博物馆在不同的年代有着不同的定义，不同的学者之间对数字博物馆的定义也是不尽相同的。现在，我们不考虑现在已经有的定义，单从"数字博物馆"这个词的本身进行分析，这个词由两部分组成，分别是"数字"和"博物馆"，"博物馆"说明了"数字博物馆"首先是个博物馆，要具备博物馆应用的功能——保存、研究、展示和传播利用博物馆的藏品。对于实体博物馆来说，博物馆在藏品的基础上才能进行一切活动的开展。但是数字博物馆中的藏品具有明显的特殊性，单从"数字"一词上就有了明显的说明。数字博物馆一切活动的进行要依赖于数字形式的藏品，这些数字形式的藏品包括藏品的数字化形式及其相关信息的数字化数据，藏品的保存空间是存储设备的空间，而不再是以往的建筑空间了；并且展示空间突破了实体场馆，可以在网络上进行充分的展示。由此可知，数字博物馆既拥有实体博物馆的功能，并且在实体博物馆的基础上进行了更好的延展。从信息学层面看数字博物馆是一个能够保存、管理、利用和传输博物馆及其藏品信息资源的系统。从系统组成来看，其需要软件、硬件和网络的支持。因此，可以看出对于数字博物馆的定义应该涉及更广泛的内容。从宏观角度来讲，可以数字博物馆以实现博物馆功能为基础，是一个以数字形式对自然遗产和文化遗产进行采集、保存、管理、利用和传播的信息服务系统，其展示和教育的实施可以在实体博物馆内进行，也可以通过网络而实现。由于现实技术的不断变化，数字博物馆也将不断调整以适应数字时代的期望和挑战，数字博物馆的动态变化和发展将会影响其内涵的不断扩充。

　　为了进一步明确数字博物馆的概念，这里还需要澄清两个词："博物馆数字化"和"数字化博物馆"。前者强调的是过程，后者强调的是结果，两者都与实体博物馆相关。"博物馆数字化"指的是实体博物馆的资源数字化的转化过程，所涉及的层面众多，如藏品数字化、藏品信息管理数字化、数字展示和管理平台的建设、办公信息自动化建设，等等。而"数字化博物馆"是指数字化过程结束后所得到的结果，强调完成性，相对静态。"数字化博物馆"与"数字博物馆"的区别在于，前者是与实体博物馆相对应的，可看作是实体博物馆的数字镜像，而后者则比前者包含的内容更丰富。它不仅包含了数字博物馆，即来源于实体博物馆的部分，也包含了那些非实体镜像的具有数字化藏品的虚拟博物馆。所以从这个意义上讲，"数字博物馆"一词具有更好的统辖性。

三、数字博物馆功能优势

（一）数字博物馆特性

博物馆这个部门比较特殊，其主要的职能是对人类历史进程中遗留下来的文化产物进行收集、展示、传播和研究。但是，传统博物馆中不可避免的问题是保护和管理展品，数字博物馆的出现对这个问题进行了有效解决，通过数字技术的应用可以将实物展品进行数字信息的转化，如可以转化成视频、图像、音频、三维模型以及其他能够用于存储和演示的文件。数字博物馆的建立除了保护和管理展品之外，还可为多种业务提供支撑，为科学研究、文化教育、大众欣赏以及社会各个行业的有效运用做出了非常大的贡献，因此，数字博物馆的应用前景良好。

（二）数字博物馆优势分析

与传统博物馆相比，数字博物馆具有革命性的优势，为博物馆的维护、展览以及展品的收藏等问题进行了有效解决，数字博物馆的优势具体有：

1.便捷性

随着互联网的普及和大数据技术的发展，数字博物馆的展示形式与网络进行了有效结合，打破了时空的限制，为参观者提供了便捷，参观者可以在任何时间任何地方在互联网平台上通过访问数字博物馆对三维展品进行浏览，参观者在浏览过程中能够对科学文化知识进行更加轻松、直观的学习。数字博物馆经过不断的维护，可以随时对官网上的信息进行更新和发布，以便人们可以浏览到最新的活动信息。除此之外，互联网技术的应用和发展，为博物馆之间搭起了学术交流的桥梁，方便了博物馆之间的交流互动。

2.开放性

传统博物馆在地域上有一定的限制性，因为地域的不同，无法对文物进行随意地搬运和转移。除此之外，博物馆展厅的空间是有限的，为了更好地保护文物，通常会对参观的人数进行限制。但是数字博物馆的出现打破的地理环境的限制，通过数字化技术的运用能够在统一平台将所有实体文物进行存储和展示，数字博物馆的容量是巨大的，其兼容性也是非常强的，能够支持开放性的藏品库，这样，不同地域的访问者就可以在网络上登录数字博物馆，从而实现对所有藏品的浏览，这就实现了访问的开放性。

3. 可塑性

如果在传统博物馆的基础上进行再设计和再建设，其工程量是非常大的，具有较高的重塑难度，并且所要消耗的费用也是非常高的，但是数字博物馆所陈列的展品是数字化虚拟的信息，因此可以根据用户的需求随时进行再设计和再建设。通过不同的展示方式，用户能够体验同一展品的静态、动态展示，也可以与展品之间产生互动；不同的展示方式也更深入、更全面地向用户传递了科学文化知识。

4. 可升级性

数字博物馆的服务模型是多层次的，每个级别的功能仅与两个相邻级别之间有着关联，因此，每个服务级别进行更新之后，不会影响其他服务级别。由此可知，数字博物馆的系统架构具有高度的灵活性和扩展性，为数字博物馆提供了高效的可升级性，进一步促进了数字博物馆的发展。

第二节　数字博物馆沉浸式交互设计

一、数字博物馆中沉浸式交互设计概述

在数字博物馆设计和建设中，各种数字媒体技术的应用为参观者所带来的沉浸式交互体验极具效果。人们在无法进入实体博物馆时或者在参观实体博物馆之前，会进入数字博物馆进行浏览体验，与数字博物馆中的文物展品进行互动。这种沉浸式交互设计为数字博物馆带来了更鲜活的生命力。

（一）数字博物馆沉浸式交互设计的技术类别

1. 交互体验类的数字媒体技术

在数字博物馆中引用人机交互技术能够使参观者与展品之间进行双向的信息交流，原来以技术为中心的数字博物馆逐渐形成了以用户为中心的数字博物馆，并且致力于提高参观者的沉浸式交互体验，所强调的是信息交互的高效性和生动性。交互体验类数字媒体技术包含触控交互、声控交互及动作交互，这三种交互技术促进了数字博物馆相关信息的个性化传播的实现，并且有效激发了参观者的参观兴趣和体验。

2. 数字影像类的数字媒体技术

数字影像技术与人机交互体验类技术不同，它主要是通过放映数字化影像的

方式为观众展示展品的相关信息，并以多媒体技术作为其核心技术，通过音频、视频、图像的方式将传统文本和实物展品进行数字信息化，将数字博物馆的展示元素和场景进行扩展，以现实丰富的虚拟艺术形式，从而将观众的听觉和视觉充分调动起来，将观众和展品、环境进行有机的结合，让观众得到身临其境的沉浸式体验。

3. 虚拟现实类的数字媒体技术

虚拟现实类数字媒体技术主要指的是 VR 技术，即将现实与虚拟进行有机融合，在计算机技术的基础上为观众打造一个虚幻空间，观众在特定显示系统所创造的虚拟环境中可以自由行走，与真实世界基本一样，并且在显示系统中能够与计算机进行互动，从而在知觉上获得全面体验。VR/AR 等技术具有沉浸性、交互性及灵活性的特征，参观者能够在这些技术设备的支撑下在虚拟世界中获得真实的感受，所获得的参观体验并不局限于自己的实际认知，因此，虚拟现实类数字媒体技术在数字博物馆沉浸式交互设计中所占据的地位是极其重要的。

（二）数字博物馆沉浸式交互设计的展示形态

在数字博物馆沉浸式交互设计中，通过运用数字媒体技术能够将博物馆中的实体展品转化成数字化的虚拟的图像，这些图像所构成的世界是三维立体的，给予图形的改变是动态的。

1. 从二维图像到三维空间

没有计算机技术的时候，艺术家所创造的图像是二维的，也是静态的。而随着计算机技术的发展，静态的二维图像能够转化为动态的三维图像。目前，很多数字博物馆运用了三维立体图像，对参观者的吸引力是更强的。在国家博物馆中有一幅《乾隆南巡图》，其中所运用的三维模型超过了 2500 个，向参观者再现了乾隆时期的市井场景。

2. 从静态到动态

传统博物馆一般采用的是静态式展览，而数字媒体技术的融入，运用了大量的动态图像，并且这种动静结合的方式将博物馆的藏品充分展现在参观者面前。通过全息投影、交互动作等技术的应用，观众能够与动态的人或物进行交互，并且在交互中能够得到人或物的回应，比如人物会做出挥手、点头等动作，物品也会按照参观者的指示进行相应的动作，让参观者获得了丰富的参观体验。

二、数字博物馆沉浸式交互设计

（一）明确参观的体验性与参与性

在博物馆沉浸式交互设计中融入各种数字媒体技术，能够帮助参观者在数字博物馆中体验叙事和参与叙事，所强调的是参观者与数字博物馆之间的交互行为，不再是单纯地在数字博物馆中观看文本、影像等。

1. 体验性

数字博物馆的体验性指的是在声光电等多种交互技术的支撑下，为参观者构建一个虚拟世界，让参观者在虚拟世界中获得感官、身体及情感等层面的交互式叙事体验，其中采用主要的方式是虚拟时空沉浸式体验，随着 VR/AR 技术的不断发展，这种技术被广泛应用在博物馆沉浸式交互参观体验之中。在数字博物馆的虚拟环境中，参观者能够从各种角度观看展品，所获得的体验也是非常的生动、真实。但是，这种虚拟环境并没有应用特别复杂的行为操作，而是让参观者不自觉地融入其中。以英国南肯辛顿博物馆为例，这个博物馆设计了一个虚拟的"海洋世界"环境，参观者在戴上 VR 眼镜及耳机之后，就能够将自己置身于虚拟的"远古海洋世界"之中，在这个虚拟环境中，参观者可以看到鲸鱼、三叶虫等，并且参观者所获得的体验是前所未有的，也是非常新奇的。

新时代，数字博物馆沉浸式交互设计面临的问题之一就是如何实现参观空间的人性化体验，打破参观者必须运用鼠标、屏幕等中介才能进行参观和信息筛选的限制，而是参观者可以通过身体感官控制、语音控制等实现人机交互，方便参观者的体验。以澳大利亚博物馆为例，这个博物馆设计了一款新型沉浸式交互项目，参观者戴上专门眼镜之后，就能在虚拟世界中参观博物馆的各种藏品，并且对计算机或平板发出语音指令后，就能够对藏品进行各种操作，观众所获得的体验是全方位的。

2. 参与性

博物馆沉浸式交互设计中要始终将提高用户的参与度和互动性作为需要把握的关键性因素。研究显示，沉浸感的提高并不能真正地将参观者的参与度进行有效提高，要让参观者参与到参观过程中，让他们在参与过程中体验数字博物馆，并获得超过感知的参观体验，这样才能真正提高参观者的参与度。具有实体空间的数字博物馆展示展品的过程是更加多元的，也是更加生动有趣的，将用户的主体地位进行了重点突出，能够让用户更加主动地参与到数字博物馆中。以荷兰国立博物馆为例，这个博物馆在 2012 年的时候设计了一个典藏展项目，参观者在观看博物馆中的图像时，可以自行下载保存自己喜欢的图像，还可以进行再创作，参观者进行再创作之后还可以将所创作的成品分享到数字博物馆的在线服务平台，这个项目的设计让每个参观者都拥有了一座属于自己的数字国立博物馆。

数字博物馆沉浸式交互设计还可以将手机游戏的叙事环节引入其中，参观者可以在游戏中参观和探索数字博物馆，通过这样的方式，参观者不仅在感官上获得了沉浸式体验，还在精神上得到了提高和升华。目前，已经有很多数字博物馆运用了游戏元素，如"寻宝""角色扮演"等，从而推动了沉浸式交互叙事的实现。游戏元素的运用，用户可以在数字博物馆中扮演不同的角色，并且在数字博物馆中设置了探险、寻宝情节，用户可以在不断探索和寻找过程中最终找到隐藏的展品。这里面的每个情节都是动态的，会按照参观者不同的角色设置和不同的选择进行相应的变化。以波士顿科学博物馆为例，这个博物馆所设计的《博物馆之谜》游戏成功地激发了儿童的参与兴趣，调动了他们参观的积极性和主动性。

（二）设计互换并多元的身份

数字博物馆沉浸式交互设计让参观者和设计之间的身份进行相互转换，相对于传统的数字博物馆有了很大的改变，传统数字博物馆的设计者在展览参观中作为叙事主体而存在，而在沉浸式交互设计中则为参观者创造了一个参与设计和互动的虚拟环境。在这个虚拟空间环境中，每一件展品都是可以变化的，参观者在参与展览的过程中作为设计者而存在。

1. 实现艺术品的再造与重构

随着数字博物馆沉浸式交互设计的发展，艺术品的理念也随之发生了巨大的变化，改变了以往一成不变的形式，而是在交互设计中进行了不断的再造和重构。数字博物馆中的艺术品实际上是实体文化进行转化后所形成的信息流和数据流。数字媒体技术的运用让艺术品不再安静地陈列在博物馆中，而是将文字、图像、视频及音频等多种元素进行重新排列组合之后，形成了数字化的展品，参观者在视觉、听觉、触觉上与展品进行了交互，获得了沉浸式的体验。而这些具有沉浸交互性的展品与参观者之间的交互在不断地进行着变化和流动。而沉浸式交互性的数字博物馆为参观者提供了参与体验的机会。

2. 虚拟或隐匿艺术创作者

21 世纪，数字博物馆设计过程中运用了各种数字媒体技术，随之而来的是沉浸式交互设计师的地位越来越高，而艺术作品创作者的地位却在逐渐下降。参观者进入数字博物馆之后，最先接触到数字媒体设备，如全息投影、交互式软件等，参观者通过这些数字媒体设备与博物馆之间进行交互，这就导致了艺术作品的创作者被隐藏到交互设备之后的情况。

除此之外，沉浸式交互数字博物馆与传统博物馆之间的不同是比较关注参观者的参与性，参观者在科学交互设计的支撑下能够随时与艺术品进行互动，这正是数字博物馆进行交互设计的核心任务之一，如果数字博物馆缺少了沉浸式交互性，那么数字博物馆所发挥的效果也将受到严重的影响。

（三）引进合适的交互界面及数字媒体

合适的交互界面和数字媒体在数字博物馆的沉浸式交互设计中发挥着极其重要的作用。智能终端和信息化技术的不断发展，智能手机和平板得到了极大的普及，随之而来的是，数字博物馆在这些移动终端上能够实现沉浸式交互，并且这种沉浸式交互是动态的，也是灵活的。参观者可以在新媒体平台上分享并讨论自己的参观过程，与其他人进行思想上的碰撞，从而获得更深层次的沉浸体验。

1. 保证交互界面的多维性

在数字博物馆沉浸式交互设计中，需要设计一个交互界面，在这个界面上，参观者与展品之间能够进行交流，并且在交互过程中要保障参观者与展品之间的交流流畅有序，这是数字博物馆沉浸式交互设计中非常重要的设计内容之一。早期数字博物馆的交互界面主要有三种，分别是计算机的屏幕、键盘以及鼠标，参观者输入简单指令后与博物馆之间实现简单的交互，并且获得一定的交互体验，但是这个交互空间是二维的。随着数字媒体技术的不断发展，出现了全息影像、VR/AR 等技术，这推动了三维立体、多维空间的立体交互的实现，博物馆展品的形式以文字、图像、视频等形式呈现，所构成的沉浸式交互空间是立体的，参观者不仅可以从其中获得展品的各种信息，还可以对展品进行在创作或改进，除此之外，参观者参观之后也可以在其中反馈自己的参观体会和意见建议。参观者一进入数字博物馆，就将自己置身于一个立体空间中，深受感染和影响。

在上海科技馆中有一个沉浸式交互设计的精品——地壳探秘展区，在这个展区所模拟的场景中融入了数字媒体技术，为观众构建了一个地球图景，这个图景非常真实，并且是动态的，观众在这个地球图景中能够体验一系列的地壳运动现象，如地震、火山爆发、时空穿梭等。

2. 实现交互的移动性

目前，大多数人都拥有智能手机，也有很多人拥有平板电脑，因此，现在很多数字博物馆沉浸式交互设计非常重视移动数字博物馆，参观者在智能终端上就能直观体验数字博物馆。同时，设计师们将移动终端和定位技术进行了结合，这个结合能够随着参观者在博物馆的位置移动提供相应的交互，如向参观者推荐馆藏、为参观者播放线上藏品资料等。以美国自然历史博物馆为例，它根据 GPS 技术设计出一款数字博物馆参观 APP，能够随着参观者位置的不同，相应地推送参观路线，从而引导参观者进行参观。除此之外，参观者也能根据自己感兴趣或者喜欢的藏品，自行制订参观路线，从而使物理空间和虚拟空间之间进行了科学交互。

3. 实现社交媒体的顺畅共享

21 世纪，社交媒体的普及让社会交往和互动不再受时空的限制，在数字博物馆中也得到了广泛应用。参观者在参观博物馆之后可以在社交媒体上发布自己的看法和所见所闻，从而获得交互式的体验。随着社交媒体的快速发展，越来越多的参观者不需要亲自参观实体博物馆，而是可以在互联网和新媒体上进行线上浏览和线上讨论互动，从而改变了博物馆高冷的形象，变得更加平民化。故宫博物馆在新浪微博的账号就有了 200 多万的粉丝，故宫博物馆会定期或者不定期地将一些热点话题发布到微博平台上，从而与粉丝之间保持互动。如故宫博物馆所发布的"我在故宫修文物"这一纪录片，一经发布就引起了社会各界的关注，在短短几天内就有了近 400 万的阅读量。由此可知，在数字博物馆沉浸式交互设计中，社会媒体的力量是不容忽视的，可以在设计中加入日常互动交流的板块，如可以在这个板块中发布一些博物馆的相关话题、视频、照片等。如克利夫兰美术馆就设置了自己的推特账号，参观者通过这个账号能够定制个性化的参观路线，也能在账号平台上分享自己的参观路线以及想要推荐和感兴趣的展品。

与此同时，还可以为参观者参与到博物馆沉浸式交互设计中，赋予他们"博物馆沉浸式交互设计者"的身份，让他们真正参与到数字博物馆的发展建设之中。以"百度百科数字博物馆"计划为例，先后发布了多项线上公益传播活动，也支持参观者在参观博物馆过程中所拍摄的照片上传到网络平台上，从而激发受众参观博物馆并与博物馆进行交互的主动性和积极性。

第三节　数字博物馆交互设计案例

一、秦汉瓦当

（一）秦汉瓦当数字博物馆建设的必要性及可行性

1.秦汉瓦当数字博物馆建设的必要性

秦砖汉瓦博物馆在西安所处的位置比较偏远，对于游客来说，交通很不便利。一方面，考古团队每年都会发掘出大量的瓦当，面对刚出土瓦当需要进行一定的修复，而面对已有的瓦当需要进一步的维护，这都具有挑战性的压力。在长期拓片工作中，瓦当会受到一定的损伤，这是无法避免的，出于保护这些老古董的目的，博物馆已经有了对一些受损文物严禁拓片的规定，与此同时，也禁止向公众展出，这在物理条件上就形成了隔离。另一方面，学术界对瓦当的价值进行了不断探索，并且有了很大程度的突破，但是对于目前的科研条件和技术手段来说仍然无法满足现状，由此可见，秦汉瓦当数字博物馆的创建很有必要。

从上述可知，秦砖汉瓦博物馆目前存在很多困难，有瓦当维护展示上的困难，有博物馆空间和藏品受限的问题，还有地理位置偏远、文物受损等问题，因此，秦汉瓦当数字博物馆的创建具有重大的意义。数字博物馆具有向公众开放、容易维护、可以升级、可塑性强等特征，能够将现有了瓦当文物进行长期保存和记录，与此同时，也为科研、教育、文化传承等发挥了重要的保障作用。

2.秦汉瓦当数字博物馆建设的可行性

目前，国家对于文化遗产保护工作高度重视，并对社会各界人士进行了呼吁，对文化遗产进行保护的意识要逐渐提升，这对于文物界来说，是一个重生的最佳契机。目前，对瓦当的保护工作主要是进行宣传上的强化，如纪录片和电影的拍摄、网络媒体平台的创建、著作典籍的出版，等等，不仅在线上进行了宣传，而且线下还举办了瓦当的精品展、讲座论坛等，通过这些宣传出版工作来更好地保护古代瓦当。在政府和有关部门支持下，秦汉瓦当数字博物馆的建设工作有了很大的进展，使秦汉瓦当文化保护和传承工作得到了加强。目前，随着先进数字化技术的发展，瓦当的保护、发展、展示有了新的机遇，也为秦汉瓦当数字博物馆建设工作提供了契机，让秦汉瓦当数字博物馆建设变得可行，从而更好地传承人类丰富的文化遗产。随着智能手机、PC端网页、移动平板的普及，人们能够在移动终端上随时随地地浏览文物，目前很多数字博物馆都进行了这方面的实践探索，这为秦汉瓦当数字博物馆的建设提供了借鉴。

（二）秦汉瓦当数字博物馆交互设计

1. 数字博物馆网站交互设计

在关键技术的支持下，实现整体网站的交互效果以及从网站结构框架搭建到细化功能，在技术操作上都是非常复杂和艰难的，因此，为了防止后期进行大量的修改和消耗大量的时间，要对前期的概念内容和信息框架进行认真核对，从而一一实现展示平台的前期规划。秦汉瓦当数字博物馆网站要想实现交互，要实现两方面的内容，一是实现整个交互式网站，另一个是实现三维瓦当的交互。

网站交互设计就是将二维静态和三维动态进行了结合，比如，位于页面顶端的首页（banner）图能够间隔滚动播放、手动左右切换等；在页面加载页设计3D小动画的弹出，为页面增添动感。并且，用户可以通告操作鼠标，完成"跳转""弹出""滑动"等指示动作，用户可以在页面导航栏中进行自由的切换和跳转，并且对当前所在的位置有一个清晰的定位。

在"虚拟展厅"与"数字瓦当"页面有着极其丰富的交互方式，用户可以自由地进行"放大""缩小""360度旋转""拖动"等。遇到自己感兴趣的藏品，用户还可以进行"收藏""点赞""转发""分享"等。辅助性地在页面上设置一系列的弹窗，能够更好地优化网页浏览，可以为用户提供一些提示语，以便更好地引导用户操作，这样能够激发用户了解网站内容信息的兴趣。

2. 虚拟展厅交互设计

在完成虚拟场馆搭建渲染之后，在虚拟展厅中设置一些关键信息链接，从而实现虚拟展厅交互设计，其中所运用的交互展示方法有参观语音和地区交互展示、参观路线的规划说明，其中路线规划指示最为重要。交互路线设计过程中与其他信息进行了有机结合，从而形成了整体交互式数字导航的方法。

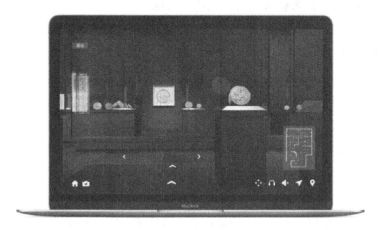

图 6-3-1 虚拟展厅导航界面一

图 6-3-2 虚拟展厅导航界面二

具体的交互方式有以下七种：

（1）浏览展馆的过程中，用户可以随时随地查看地图，也可以点击页面右下角的动态图标，从而确定自己所在的位置。

（2）参观者在进入展馆之后，相对于展馆动态地图上信息的期待，更期待对于文物藏品的状态的捕捉，因此，在点击进入展馆之后，会马上将展馆中的文物藏品显示出来。

（3）展馆中的主题对特定的信息先进行一定的隐藏，经过单击操作之后再进行展开。在参观过程中可以通过点击展馆地面的标示"向左"或"向右"，再点击"到这里"，参观者就可以直接到达该目标位置。

（4）文物展示的环境通过"3D渲染"营造出比较真实的场景，从而将展示渲染出浓厚的文化氛围。

（5）虚拟展厅内所渲染的主题主要是从秦砖汉瓦博物馆中提取相应的元素，从而营造出与古代瓦当相适应的环境，这个环境是最自然的，也最真实，更具有浓厚的文化气息。

（6）瓦当藏品展示所采用的方式是单击自动旋转，这个展示方式的陈列感比较强，通过旋转、滑动文物，能够营造出一种在"把玩文物"的感觉。

（7）对文物所具有的结构、装饰纹样等特征进行详细介绍，单击之后就能进入解释页面。在解读过程中采用了动静结合的方式，图文之间进行了紧密的联系。

二、故宫

（一）官网"大上新"

故宫官网改版之后，一进入官网，首先亮相的是"故宫名画记"（图6-3-3）。"故宫名画记"中增加了珍贵绘画藏品的数量，增至了345幅。这些绘画藏品运用了超高清影像，缩放极为流畅，能够让观众更为细致地浏览故宫藏画，还能对自己感兴趣的藏画进行标注、收藏，从而建立自己的"私人藏画馆"。

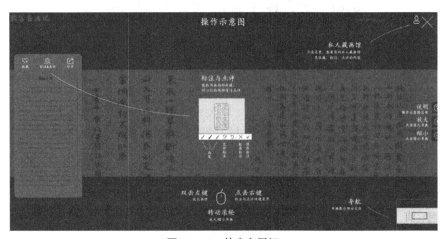

图6-3-3 故宫名画记

在改版之后的官网中，既能看到平面的，也能看到立体的。全新上线的"数字多宝阁"就利用了高精度的三维数据，将文物的细节和全貌进行了全方位的展示（图6-3-4）。在实体展厅中，由于展陈玻璃的缘故，参观者通常只能看到文物的一面，无法进行近距离地观摩。但是，在"数字多宝阁"中，参观者可以对自己感兴趣的文物进行近距离观摩，也可以全方位地触摸文物，并与文物发生互动。

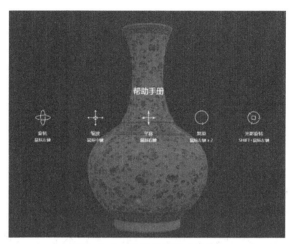

图6-3-4　数字多宝阁（故宫）

"数字文物库"的重磅推出，不仅公开了186万余件藏品基本信息，而且精选了5万件高清文物的景象进行展示，从而满足参观者欣赏以及文物爱好者和研究者学习研究的需求，从而促进了文物保护工作的进行。

（二）古建有"宝藏"

故宫官网全新改版之后，重磅推出了"全景故宫"，在"全景故宫"中将故宫所有的开放区域进行了总体涵盖，在电脑端或者手机端打开网页之后，壮美的紫禁城出现在参观者面前，调整到 VR 模式之后，参观者还可以拥有沉浸式体验。在未来之际，"全景故宫"还能将不同季节、天气、时间的故宫记录其中，在故宫的古建筑打上"时间的烙印"。

故宫也推出了一款 App——"紫禁城 600"（图6-3-5），这款 App 将建筑文化作为主题，这也是"故宫出品"系列 App 的最新作品，是故宫 600 岁生日所献上的一份大礼，在这款 App 上将故宫专家的研究成果汇集一体，引导用户对古代建筑知识及其背后的空白故事进行探索，这款 App 也运用了昼夜交替模式，参观者可以在白天观看建筑，晚上的时候可以听故事。

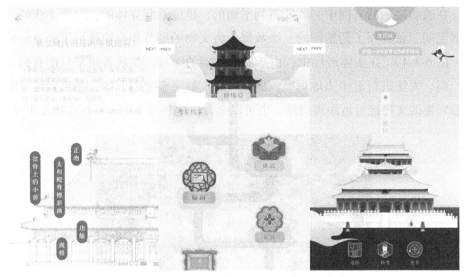

图 6-3-5　紫禁城 600 App

除了"紫禁城 600"App 之外，还推出了微信小程序的"故宫：口袋宫匠"，这个小程序也是以建筑为主题，将故宫屋檐上的脊梁进行了兽化，并且化身为形象可爱的"紫禁城建造小分队"，和玩家一起"不建不散"，这种轻松有趣的游戏形式，吸引了大量的年轻人，也激发了年轻人关注文化遗产、了解建筑文化、守护中华文明的热情。

（三）微信再升级

"玩转故宫"微信导览小程序的推出，受到了广大观众的喜爱，今天，这个小程序全新升级为了 2.0 版。升级之后的版本为参观者提供了更为便捷的游览规划，参观者可以在"玩转故宫"中收藏自己感兴趣的建筑的点位，也可以线上在虚拟空间中进行游览，还可以提前发现、精选推荐等，这为参观者在游览实体故宫之前提供了更好的服务。在这个升级版本中，还增加了 AI 导览助手，语音、文字等多种形式的交互，为参观者提供了导览问询一站式服务。

三、敦煌艺术

敦煌研究院官网推出了"走进莫高窟数字敦煌展"，在这个数字化展览中运用了 3D 虚拟数字技术，从而将敦煌石窟展示在了观众面前。"走进莫高窟数字敦煌展"运用相机进行了水平方向 360 度和垂直方向 180 度的拍摄，并将所拍摄的多张照片进行了完美的拼接，形成了一张全景图，之后再利用计算机图形技术进行合成，从而形成了 3D 虚拟漫游敦煌展。用户一进入数字敦煌展的首页，便会听到一首优雅的背景音乐，与此同时，用户在鼠标的支持下能够自由地旋转空间画面，用户在操作观赏的过程中能够产生一种身临其境的视觉效果。除此之外，石窟壁画中还运用了具有信息交互的红色按钮标志，用户点击之后，会弹出一个页面，这个页面上有对当前点位石窟壁画的文字介绍或者是图片放大之后的细节说明。下面从莫高窟数字敦煌展的两个案例进行研究分析，一个是 PC 端的案例，一个是移动端的案例。

（一）PC 端敦煌壁画的案例分析

如图 6-3-6 所示，是 PC 端数字漫游敦煌点击鼠标触发图片的案例分析。

图 6-3-6　PC 端数字漫游敦煌案例分析图

对这个案例进行总结，具体如下：用户数字漫游敦煌展通过鼠标点击图片的目标点位，能够触发图片的交互过程、展现方式、交互方式、采用技术、交互内容深浅度，通过对这些方面进行具体分析，得出这个案例中的交互触发元素是属于静态的，相比动态设计，其所发挥的引导作用是薄弱的；触发之后所形成的反馈也是一张静态的细节图,在交互触发反馈所呈现的内容比较单薄。由此可见,这个案例整体呈现的是静态的效果,如果加入动态的设计,其效果会更佳。

(二)移动端敦煌壁画的案例分析

除了 PC 端的交互体验,用户也可以在移动端上进行交互体验。数字敦煌展会有一个二维码,用户在扫描二维码之后,就可以基于移动端上的敦煌壁画,从而进行交互体验。

如图 6-3-7 所示,是移动端数字漫游敦煌触屏的案例分析。

图 6-3-7 移动端数字漫游敦煌案例分析图

　　对案例进行总结，具体如下：通过对上面两个案例进行分析（图6-3-7），第一个案例是3D虚拟交互，是运用相机进行了水平方向360度、垂直方向180度的拍摄，将拍摄的多张照片进行了完美拼接，形成了一张全景图，在计算机图形技术的支持下合成了3D虚拟漫游敦煌展。用户进入3D虚拟敦煌展之后，可以自由地旋转画面，进行全方位地欣赏。第二个案例是用户在点击触发交互视觉元素之后，用户眼前就出现了动画视频的播放。两个案例中的交互都运用了页面设计，从而实现了互动体验。

　　上述案例中存在一定的问题，具体如下：第一个案例在互动体验上与用户之间的关联性比较大，主要是通过用户的上下左右地旋转操作来进行壁画观赏体验的。但是用户仅仅对图片进行了观赏，对于壁画内容及其背后的文化内涵并没有进行交互设计。第二个案例在点击交互视觉元素之后才能触发动画，动画的播放是独立的，用户所接收到的信息是单向的，用户与动画之间并没有太多的互动。因此，通过分析发现，这两个案例中用户的参与度和沉浸度需要进一步的加强。

参考文献

[1] 马祥贞.新时代博物馆社会教育：挑战、优势与实施路径 [J].新疆教育学院学报，2019，35（02）：87-90.

[2] 乔红伟.论博物馆文化教育功能的拓展性 [J].智库时代，2019，（44）：233-234.

[3] 刘紫月.VR 电影中虚拟空间的交互设计研究 [D].北京：北京邮电大学，2020.

[4] 王欢.博物馆展示空间灯光设计的三个维度 [D].杭州：中国美术学院，2019.

[5] 郝原.博物馆核心公共空间声环境研究 [D].西安：长安大学，2013.

[6] 于文婷.实拍与虚拟的互动设计 [D].大连：大连工业大学，2019.

[7] 徐媛.浅谈博物馆社会教育工作的开展 [J].文物鉴定与鉴赏，2019，（18）：132-133.

[8] 李薇.基于身体美学的交互行为特征框架研究与应用 [D].长沙：湖南大学，2018.

[9] 杜盛楠.论新媒体环境下博物馆的传播策略 [J].视听，2019，（7）：215-216.

[10] 翟永齐.博物馆展厅设计中交互体验式设计应用研究 [D].石家庄：河北科技大学，2015.

[11] 董贤功.浅析博物馆过渡空间的氛围营造 [J].汉字文化，2019，（04）：151-152.

[12] 汪琴.浅议博物馆藏品的管理工作 [J].数字化用户，2013，19（10）：106.

[13] 罗怀日.对博物馆陈列艺术设计的探索 [J].大众文艺，2011，（23）：237.

[14] 毕文娣.博物馆陈列空间的展示设计研究 [D].济南：山东轻工业学院，2011.

[15] 李世国，顾振宇.交互设计 [M].北京：水利水电出版社，2012.

[16] 韩晓冉.新媒体技术下产品交互设计创新研究 [J].西部皮革，2020，42（20）：60-61.

[17] 史小诗 . 近十年国内外交互设计中反馈的研究综述 [J]. 设计，2020，33（18）：122-124.

[18] 武洪君 . 博物馆建筑艺术初论 [D]. 长春：吉林大学，2013.

[19] 许小侠，陶江 . 情感化交互设计在个人用户 APP 中的体现与应用 [J]. 无线互联科技，2017，（24）51-52+87.

[20] 胡清媛 . 中国博物馆艺术教育现状研究 [D]. 南京：南京艺术学院，2011.

[21] 高松龄 . 交互设计探析：人与产品之间的交流 [J]. 艺术科技，2017，30（09）：249.

[22] 王越 . 交互式理念下城市视觉导视系统设计研究 [J]. 包装工程，2017，38（16）：249-253.

[23] 王田 . 当代展示中的交互体验设计研究 [D]. 北京：北京林业大学，2014.

[24] 任智群 . 浅析情感记忆与交互设计 [J] 科技与创新，2017，（13）：108-110.

[25] 熊江杰 . 信息技术环境下博物馆的数字化展示技术及虚拟展览 [J]. 文物世界，2019，（04）：63-65.

[26] 牛纯 . 新媒体展示设计中的交互设计研究 [D]. 北京：北京印刷学院，2015.

[27] 刘伟 . 走进交互设计 [M]. 北京：中国建筑工业出版社，2013.

[28] 钟旭 . 博物馆展陈设计的形式与空间布局研究 [J]. 文物鉴定与鉴赏，2019，（05）：124-125.

[29] 黄蓉 . 主题展览中交互体验设计与研究 [D]. 武汉：汉江大学，2018.

[30] 张牧 . 新媒体交互设计在公共艺术中的应用研究 [J]. 美术教育研究，2017，（07）：80-81.